KB014992

민주주의의 발전과 위기

Good morning Good night

'굿모닝 굿나잇'은 21세기 지식의 새로운 표준을 제시합니다.
이 시리즈는 (재)3·1문화재단과 김영사가 함께 발간합니다.

민주주의의 발전과 위기

1판 1쇄 발행 2021. 3. 1.
1판 3쇄 발행 2024. 3. 4.

지은이 임혁백

발행인 박강휘
편집 박민수 | 디자인 정윤수 | 마케팅 윤준원 | 홍보 박은경·이한솔
본문 일러스트 최혜진
발행처 김영사
등록 1979년 5월 17일(제406-2003-036호)
주소 경기도 파주시 문발로 197(문발동) 우편번호 10881
전화 마케팅부 031)955-3100, 편집부 031)955-3200 | 팩스 031)955-3111

ISBN 978-89-349-8833-5 04300
     978-89-349-8910-3 (세트)

홈페이지 www.gimmyoung.com   블로그 blog.naver.com/gybook
인스타그램 instagram.com/gimmyoung   이메일 bestbook@gimmyoung.com

좋은 독자가 좋은 책을 만듭니다.
김영사는 독자 여러분의 의견에 항상 귀 기울이고 있습니다.

이 책의 본문은 환경부 인증을 받은 재생지 그린LIGHT에 콩기름 잉크를 사용하여 제작되었습니다.

민주주의의
발전과
위기

임혁백 지음

DEMOCRACY

아테네에서
21세기
한국까지,
민주주의 연대기

김영사

민주주의는 자신이 이룩한 승리를 자축하는 데는 익숙하다. 그러나 현존 민주주의는 자신이 끼친 피해에 대해서도 정면으로 직시하는 것이 필요하다. (…) 민주주의는 국민들이 무엇을 할 수 있고, 무엇을 상상할 수 있는가에 관한 가능성의 지평선을 확장해 준다. 민주주의의 시간은 말싸움하기 좋아하는 힘든 시간이면서 못생겼지만 아름다운 시간이다. 이런 이유로 민주주의는 우리를 열광시키면서 동시에 화나게 한다.

_크리스토퍼 홉슨, 〈민주주의: 덫, 비극, 혹은 위기?〉에서

정치의 출현과 민주주의의 발명

정치의 출현: 목적론과 현실주의

우리는 지금부터 '정치'라는 바다에 뛰어들어 '민주주의 호號'라는 이름의 배를 타고 항해해 나갈 것이다. 정치는 매우 일상적으로 접하는 단어이기 때문에 우리에게 익숙한 개념인 것처럼 여겨진다. 하지만 정치가 무엇인지, 어떻게 생겨난 것인지부터 차근차근 살펴보며 정치라는 바다의 해도海圖를 그려보아야 물길을 잃지 않고 항해할 수 있다.

그렇다면 정치는 과연 왜, 어떤 과정을 거쳐 출현한 것일까. 정치의 출현을 설명하는 이론은 크게 두 가지다. 하나는 정치가 특정한 목적을 이뤄내기 위해 만들어졌다는 '목적론'이고, 다른 하나는 '현실적으로 존재하고 있는' 정치가 어떤 필요에 의해서 생겨났으며 그 필요를 충족시키기 위해 실제로 어떻게 작동하고 있는가를 집중해 설명하는 '현실주의 이론'이다.

아리스토텔레스, 플라톤, 공자, 맹자는 정치를 목적론으로 설명한다. 아리스토텔레스는 인간이 육체적으로는 포유류 동물에 불과하지만 정치에 참여함으로써 스스로를 윤리적으로 완성하고 행복을 추구하는 '정치적 동물'이라고 주장했다. 그리고 인간의 이런 활동을 통해 정치와 국가가 육체적 생존만을 목적으로 하는 '경제사회'에서 행복과 선을 실현하겠다는 목적을 가진 윤리적 '정치사회'로 자연스럽게 진화했다고 본다.

아리스토텔레스의 스승인 플라톤과 춘추전국 시대 중국의 스승인 공자는 거의 같은 시대에 활동했는데, 이들 모두 정치가 정의를 실현하기 위해 출현했다고 주장했다. 플라톤은 《국가론》에서 "정치는 개인의 정의와 국가의 정의를 조화롭게 실현하는 목적을 가지고 있다"고 했고, 공자는 《논어》에서 '정자정야政者正也', 즉 정치란 나라를 바르게 하는 것이라고 가르쳤다. 공자를 이은 맹자도 양혜왕이 "장차 우리 나라에 이익이 될 수 있는 것이 무엇인지를 가르쳐 달라"고 요청하자 "왕께서는 하필 이체利를 이야기하십니까. 오직 인의仁義만 있을 뿐입니다"라면서 정치는 오로지 사랑과 정의를 실현한다는 목적을 지닌다고 단호하게 말했다.

반면 현실주의자들은 정치가 사람들 사이의 갈등을 해결하고 지위, 기술, 지식과 같은 권력을 행사할 수 있는 자원을 배분하기 위해 생겨났다고 주장한다. '목적'이 있어서 만들어진 것이 아니라 일정한 '필요' 때문에 생겨났다는 뜻이다. 현실주의적인 정치 출현 이론은 놀랍게도 성경에서 최초로 발견된다. 구약 신명기는 이스라엘 사람들이 여호와와의 언약을 통해 갈등 해결 방법, 율법, 의식, 생활규범을 자세하게 규정한 헌법을 만들어 인간의 정치생활을 신의 이름으로 규제했다고 기록하고 있다.

또한 구약 사무엘 상 8장은 예언자 사무엘이 정치를 '지배와 피지배의 관계'로 이해한 최초의 현실주의자였음을 보여준다. 사무엘은 이스라엘 사람들이 왕을 세우려 하자 "신 앞에서는 모든 인간이 평등한 상태인데, 인위적으로 왕을 세우게 되면 왕과 인간은 지배와 피지배의 권력관계에 들어간다"며 반대했다. 사무엘은 병역, 납세, 징용의 의무를 져야 하고 개인의 자유가 제한되며 왕에게 복종해야 하는

데도 왕을 세워야겠느냐면서 이스라엘인들을 말렸으나, 이
스라엘인들은 외부의 적으로부터 자신들의 안전을 지키기
위해 필요하다며 집단적 의지를 관철해 사울을 왕으로 세
우고 이스라엘 왕국을 탄생시켰다.

현실주의 이론은 정치가 왜 필요했으며, 어떻게 출현했는
가를 다양한 방법으로 설명한다. 앞서 살펴본 구약 사무엘
상 8장은 외부의 적으로부터 국민을 보호하기 위해 성을 쌓
고 무기를 비축하는 등 공공재를 마련하고자 정치가 출현
했다는 '공공재 정치이론'을 이야기한다. 한편 정치학자 러
셀 하딘은 무정부적인 자연 상태에서 벌어지는 인간들 사
이의 갈등을 상호 협력으로 조정하기 위해 정치가 출현했
다는 '조정이론'을 제시했다.

또한 토머스 홉스는 '사회계약론'으로 정치의 출현을 설
명했다. 인간은 '외롭고, 빈곤하고, 비열하고, 잔인한' 자연
상태에서 서로가 서로에게 '늑대'가 되고 그 결과 '만인의
만인에 대한 전쟁상태'가 된다고 했다. 그러므로 죽음의 위
험이 항상 도사리고 있는 최악의 자연 상태에 있던 인간들
이 생명, 자유, 재산을 보호받기 위해 사회계약을 맺어 국가
를 건설한 것이 곧 정치의 출현이라고 본 것이다. 이들 설명

의 공통점은 국가 또는 정치가 자연스럽게 진화한 것이 아니라 인공적으로 만들어졌다는 것이다.

인간이 국가를 만든 것은 시민의 안전 보호나 갈등 조정을 하는 데 있어 국가가 어떤 사회집단보다 우월한 능력을 갖고 있기 때문이다. 막스 베버는 다른 사회집단보다 근대 국가가 우월한 능력을 보유하고 있는 이유를 "국가가 물리적 폭력을 합법적으로 독점 사용하기 때문"이라고 주장했다. 근대사회에서 개인이 남에게 피해를 입었다 해서 상대의 신체를 구속하거나 폭력을 행사하는 등 사적으로 보복하면 불법이 된다. 하지만 국가는 죄가 있는 사람을 합법적으로 인신 구속하거나 필요하다면 무력도 동원할 수 있다. 다른 나라로부터 침략을 당하면 군사력을 동원해 싸울 수 있다. 이렇게 합법적인 강제력을 독점하고 있는 국가는 대외적으로 배타적인 주권을 유지하고, 국내에서는 위계에 의해 인적, 물적 자원을 통제해서 국민 모두를 위한 자원 생산과 공급을 극대화할 수 있다.

현대의 현실주의 정치이론가인 데이비드 이스턴은 정치를 '가치의 권위적 배분'으로 정의했다. 경제는 돈을 배분하고, 문화는 상징을 배분하고, 정보통신기술IT은 정보를 배분하고, 사회 자본은 신뢰를 배분한다면, 정치는 '권력'을 배분한다는 것이다. 미국의 정치학자 해럴드 라스웰도 정치를 '누가, 언제, 어떻게 가치와 자원을 획득하는가를 결정하는 기제'로 정의한다.

그렇다고 목적론과 현실주의 정치이론이 서로 배타적인 것은 아니다. 두 이론이 만나는 지점이 있다. 막스 베버는 근대국가를 현실주의적으로 정의했으나, 동시에 '근대국가는 합법적으로 권력을 사용해야 한다'는 목적론적 정의도 덧붙였다. 베버는 근대국가 권력은 국민들이 당연한 것으로 받아들이고 순응하는 '정통성 있는' 권력이 되어야 한다고 했다. 그래서 그는 저서 《소명으로서의 정치》에서 정치가들에게 열정과 신념을 지키고 정치적 이상을 추구하되, 차가운 정치 현실을 받아들이면서 책임감을 가지고 정치를 해야 하고, 항상 양자 간의 균형을 유지하기 위해 노력하라고 권고했다.

민주주의의 발명, 승리, 위기 그리고 혁신

민주주의는 기원전 5세기에 고대 아테네 도시국가polis에서 발명되었다. 민주주의호의 항로는 순탄하지 않았고 승리와

패배, 그리고 부활의 순환을 반복했다. 아테네 민주주의는
참주정의 도전을 받았고, 로마의 공화주의는 제국에 의해서
종말을 고한 뒤, 민주주의는 긴 중세의 잠에 빠졌다.

민주주의는 근대의 여명을 알린 르네상스 시대에 그레
코-로만, 즉 그리스 로마 식 공화주의 형태로 자유도시국가
에서 부활했으나, 당시 대세는 절대주의 국가였다. 근대에
들어와서 비로소 자유주의적 대의代議민주주의가 등장하여
보통평등선거권, 대의제, 연방제, 비례대표제와 같은 제도적
혁신을 통해 발전했지만, 근대 민주주의호는 항상 독재와
전체주의 같은 적선敵船에 둘러싸여 있었다. 민주주의는 근대

세계에서 '예외적'인 정치체제를 면치 못했다. 대부분의 사회에서는 비민주적 또는 반민주적 정치체제가 정상이었다.

그러나 미국에서 일정 연령 이상의 모든 남성에게 투표권이 주어지는 보통선거권이 실현된 1828년부터 1992년까지 계속된 세 차례의 민주화 물결로 자유민주주의는 지구촌의 보편적인 정치체제가 되었고, 프랜시스 후쿠야마는 헤겔이 이야기한 역사의 진보가 최종적으로 실현되었다고《역사의 종언》에서 선언했다. 하지만 2011년과 2012년에 북아프리카와 중동에서 일어난 네 번째의 민주화 물결이 곧 역류하면서 '민주주의가 역사의 종착점에 도달했다'는 후쿠야마의 승리 선언은 물거품이 되고 말았다.

현재 선진 민주주의 국가나 신흥 민주주의 국가를 막론하고 많은 사회에서 민주주의가 뒷걸음치고 있으며, 이 틈을 노린 극단주의자와 포퓰리스트의 공격으로 민주주의는 위기를 맞고 있다. 시민들은 현존 민주주의에 대해 실망하고 불만을 표시하고 있으며, 과연 민주주의가 최상의 정치체제인지 의심하고 있다.

한국 민주주의도 세계적 민주화의 물결에서 예외가 아니었다. 한국 시민들은 제2차 세계대전 직후 많은 식민지들이 미국을 비롯한 서구에 의해 '민주화'되었을 때 이 물결에 동 승해, 1948년에 신생 민주주의 국가를 건설했다. 이승만 자 유당정권의 민간 독재로 민주주의가 역류하는가 했으나 한 국 시민들은 4·19 혁명을 통해 자유민주주의를 회복시켜 제2차 세계적 민주화의 역류 물결에 예외가 되는 쾌거를 이 룩했다. 하지만 1년 만에 5·16 군사쿠데타로 어렵게 이룩 한 신생 민주주의가 붕괴되는 고통을 감수해야 했고, 그 후 26년간 군부 권위주의 통치하에서 살 수밖에 없었다.

그러나 한국 시민들은 자생적이고 자발적인 민주화 운동 을 통해 1987년 6월에 민주주의를 회복시켰고, 지금까지 세 차례의 평화적인 정권교체를 이룩해 민주주의를 확실히 뿌 리내렸다. 지금 한국 민주주의는 지속가능성과 내구성에서 나 자유, 평등, 책임성, 응답성 등의 면에서 모두 '질 높은 민주주의'로 발전했다. 하지만 세계의 다른 민주주의와 마 찬가지로 '현존' 한국 민주주의는 민주주의를 후퇴시키려 는 세력의 도전에 효과적으로 대응하고 세계화, IT혁명, 4차 산업혁명이 주는 기회를 활용해서 새로운 민주주의로의 혁 신을 이루어내야 하는 과제를 안고 있다.

이 책에서는 1장을 통해 민주주의 개념이 무엇인지 정리한 뒤 민주주의의 기본적 특성을 살펴보고, 2장에서는 기원전 5세기에 고대 아테네 시민들이 민주주의라는 정치제도를 탄생시킨 이래 민주주의가 어떻게 변화하고 발전해왔는지를 보여줄 것이다. 3장은 자유민주주의가 네 차례의 세계적인 민주화를 통해 비민주적 정치체제라는 경쟁자를 물리치고 마침내 인류의 보편적 정치체제로 자리잡게 되는 장엄한 민주주의의 승리 역사를 설명할 것이다.

하지만 민주주의는 다시금 위기를 맞고 있다. 4장에서는 현재 선진 민주주의와 신흥 민주주 국가에서 공통적으로 일어나는 민주주의의 위기와 후퇴를 다룰 것이다. 5장은 민주주의의 후퇴를 막고, 동시에 더 나은 미래의 민주주의를 실현하기 위해 필요한 민주주의의 제도적 혁신에 관해서 이야기한다. 한국을 포함한 '현존' 민주주의의 지속적 발전을 위해서는 대의민주주의와 소셜 미디어 민주주의를 결합한 헤테라키heterarchy(복합) 민주주의로의 혁신이 필요하다는 것이 이 책의 결론이 될 것이다.

지금부터 '민주주의호'를 바다에 띄운다. 민주주의호의 순항을 위해서는 먼저 배의 나침판 역할을 할 민주주의 개념을 명확히 해야 한다. 그리고 민주주의호와 비민주적인 적선들을 구별하기 위해 여러 정치체제들을 비교해서 분석할 것이다. 앞으로 이 책에서 우리는 '창왕찰래彰往察來', 이미 지나간 일을 분명히 밝혀서 앞으로 다가올 일을 미리 가늠하는 방법을 택해 민주주의 참모습을 찾아나갈 예정이다. 즉, 시대별 민주주의의 '이론'에 치우치기보다 각 시대에 실제로 존재했던 민주주의 제도를 살펴보며 민주주의호가 지나온 항로를 추적하고, 미래 항로를 혁신하기 위한 지혜와 교훈을 얻을 것이다.

민주주의란 무엇인가,
민주주의가 아닌 것은 무엇인가

'철학자의 돌philosopher's stone'은 금속이 아닌 물질을 황금으로 만들어준다는 믿음 때문에 연금술사들이 찾아 헤맸다는 돌이다. 그런 돌이 세상에 있을 리 없으니, 이를 좇는다는 것은 불가능하리만큼 어려운 일을 뜻한다. '민주주의'의 개념 정의가 바로 그렇다. 민주주의란 무엇인가를 제대로 정의하는 것은 철학자의 돌을 찾는 것만큼 어려운 일이다.

이른바 민주주의를 표방하는 나라는 많지만 그중 다수가 실제로는 민주주의와 거리가 멀다는 점에서도 이를 알 수 있다. 2019년 경제지 〈이코노미스트〉의 연구기관 EIU가 밝힌 바에 따르면, 전 세계 167개 국가 중 114개 국가와, 전 세계 인구의 3분의 2가 최소한 선거 민주주의를 시행하고 있다. 하지만 114개 나라 중 39개국은 '비자유주의적, 후견적, 과두제적, 제한적, 사이비, 겉모양'과 같은 수식어가 달린 '잡종' 민주주의를 하고 있다. 따라서 '알곡' 민주주의와 잡종 '가라지' 민주주의를 가려내기 위해 민주주의의 개념부터 분명히 정의해야 한다.

민주주의를 설명하는 방식으로는 민주주의를 '적극적'으로 설명하는 긍정적 방식과, 민주적이지 '않은' 정치체제가 어떤 것인지 설명함으로써 비민주적 정치체제를 제외한 나머지 정치체제로서 민주주의 개념을 설명하는 부정적 방식 두 가지가 있다. 우리는 앞으로 이 중 긍정적 설명방식을 통해, 이어서 부정적 설명방식을 통해 민주주의 개념을 살펴볼 것이다.

1
민주주의란 무엇인가

민주주의라는 단어는 고대 그리스어인 'democratia'에서 비롯되었다. 'demos(국민)'와 'kratia(지배)'의 합성어로서 '국민의 지배'를 의미한다. 미국의 링컨 대통령은 1863년 11월 19일 남북전쟁에서 전몰한 전사자를 추도하기 위한 게티즈버그 연설 마지막 부분에서 '국민의, 국민에 의한, 국민을 위한 정부'라는 유명한 '링컨 민주주의 공식'을 이야기했다. 링컨의 세 가지 민주주의 공식 중 으뜸은 '국민의 정부'이고, 이는 고대 아테네에서 이야기한 '국민의 지배'와 같은 의미다. 그렇다면 국민의 지배의 본질은 무엇일까.

국민은 누구인가

먼저 민주주의호를 집단적으로 운항하는 주체인 '국민'이 누구인지 살펴보자.

국민의 모습과 성격은 항상 고정된 것이 아니라 역사적으로 달라졌다. 직접 민주주의의 효시가 된 고대 그리스의 도시국가 시민들 역시 지금의 국민과 성격이 매우 달랐다. 고대 그리스의 시민을 뜻하는 데모스ℝ는 특정 도시국가, 즉 폴리스에 살고 있는 이들을 일컫는 지리적인 개념이었으며, 혈통을 공유하고 있는 종족族의 개념은 아니었다.

도시국가의 데모스는 규모도 작고 소득, 선호, 가치가 비슷한 사람들로 이뤄져 있었기 때문에 국민의 집단적 의사를 이끌어내서 '국민의 지배'를 실현하는 데 큰 어려움이 없었다. 하지만 대규모 영토와 다양하고 이질적인 국민들로 구성된 근대국가에서는 이것이 불가능했고, 그래서 근대국가들은 투표 등으로 국민이 선출한 대표가 국민의 뜻을 위임받아 대신 통치하는 '대의민주주의'를 만들어냈다.

대의민주주의에서 대표가 대신하는 '국민의 의사'가 단일한 것인가 혹은 여럿의 의사가 모인 복수냐에 대해서는 의견이 갈린다. 프랑스와 독일을 비롯한 유럽 대륙에서 민주주의를 고안한 루소, 몽테스키외, 칸트 등은 국민을 공동선을 함께 나눈 '단일한 실체'로 보았다. 그래서 프랑스, 독일, 이탈리아, 스페인 등 유럽 대륙에서 국민을 표현하는 단어는 le peuple, das Volk, il popolo, el pueblo와 같이 단수다.

반면에, 영국과 미국에서 국민은 복수인 'the people'로 표기된다. 대의민주주의를 고안한 존 스튜어트 밀, 데이비드 흄, 제임스 매디슨, 로버트 달은 국민을 서로 다른 다양한 의사와 선호도를 가진 '개인들의 집합'으로 보았다. 다만 미국의 초대 대통령 조지 워싱턴은 유럽의 사상가들처럼 국민을 단일 주권자로 보았다.

이탈리아의 정치학자 조반니 사르토리는 '국민이 누구인가'를 어떻게 규정하는가에 따라 민주주의의 개념이 달라진다고 주장하기도 했다. 그 첫째가 나라 안의 '모든 사람'이 국민이 되어 정치에 참여하는 민주주의다. 그는 이것이야말로 이상적인 민주주의라고 꼽았다. 그러나 직접 민주주의 최고 모델로 꼽히는 고대 아테네 민주주의는 여성, 노예, 영주권을 가진 외국인들에게는 시민권을 주지 않았고, 현대 미국의 민주주의도 정신박약자, 범죄경력자, 비시민, 임시 또는 단기 체류자에게는 투표권을 주지 않고 있다. 결국 이상적 민주주의란 현실에서는 찾아보기 어려운 이데아 세계의 민주주의라고 볼 수 있다.

둘째, 인구의 '대다수'가 국민이 되는 차선 민주주의가 있다. 그러나 이런 민주주의는 과연 '얼마나 많은 수를 대다수라고 할 것인가'를 결정하고 합의하기 어렵다는 한계가 있다.

셋째, 사회의 하층 계급을 국민으로 보는 '계급적 국민' 개념이 있다. 민주주의란 다수의 지배를 뜻하는데, 사회에서 다수를 이루는 집단이 바로 가난한 사람들이기 때문에 이들의 지배가 곧 민주주의라는 이론이다. 이같은 계급적 민주주의론은 아리스토텔레스가 처음으로 제시했고, 19세기 산업화 시대에 이르러 마르크스가 정교하게 이론을 다듬었는데, 후기 산업사회로 진입하면서 현실성이 없는 민주주의로 판명되었다. 전통적인 산업 프롤레타리아트가 소수 계급으로 전락함으로써 지배적 다수가 될 가능성이 희박해졌기 때문이다.

넷째, 국민을 '유기적 전체'로 보는 시각이 있다. 앞서 말한 것처럼 장 자크 루소는 국민을 더 이상 분할할 수 없는 단일체로 보았다. 유기적 단일체인 국민의 일반의사는 부분으로 나눌 수도, 타인에게 양도할 수 없는 것으로, 개인은 이같은 일반의사에 복종해야 한다. 하지만 루소의 민주주의 이론은 '총체적 국민 개념'을 바탕으로 하고 있기 때문에 개인의 가치가 무시되고 다수의 독재와 전체주의가 싹틀 위험이 있다.

다섯째, 국민의 지배는 '다수의 지배'이고, 다수가 내린 결정에는 소수자들도 무조건 따라야 한다는 절대적 다수 이론이 있다. 다수가 모든 것을 결정할 수 있는 무제한의 권리를 갖는다는 점에서 권위주의적이고 전체주의적 이론이다.

여섯째, 다수의 지배를 기본으로 하되, 소수의 권리도 보장해주기 위해 다수의 지배권을 제약해야 한다는 '제한적 다수의 지배' 이론이 있다. 오늘날 민주주의를 작동시키는 원리가 바로 이 이론이다. 제한적 다수 지배 체제의 특징은 '역전의 가능성'에서 찾을 수 있다. 민주주의 사회에서는 경쟁이 보장되며, 경쟁의 결과에 대해서도 승복한다. 이 경쟁을 통해 오늘의 다수가 내일은 소수가 될 수 있다. 이것이 역전 가능성이다. 만일 경쟁에서 승리한 다수가 이후로 다시는 상대에게 경쟁을 허용하지 않고 무제한적인 권력을 손에 쥐게 된다면 민주주의는 파괴될 수밖에 없다. 바이마르 공화국에서 나치가 선거라는 민주적 경쟁을 통해 절대적 다수가 되자마자 바이마르 민주주의를 파괴하고 전체주의를 수립한 경우가 대표적인 예다.

민주주의가 갖추어야 할 자질은 무엇인가

필립 슈미터는 민주주의를 실현하기 위해서는 다섯 가지의 자질, 즉 참여, 접근성, 책임성, 응답성, 그리고 경쟁성이 필요하다고 주장한다.

그림 1. 민주주의의 자질

민주주의의 목적 \ 민주주의의 주체	국민의 (Of the people)	국민을 위한 (For the people)
개별 시민	참여	책임성
	경쟁	
정부와 공적 권위체	접근성	응답성

그림 1을 보자. 다섯 가지 자질 중에서 참여, 접근성, 책임성, 응답성을 민주주의의 목적과 각 자질의 실현 주체에 따라 분류한 표다. 우선 참여와 접근성은 국민의 입장에서 필요로 하는 덕목이다. 국민들이 질 높은 민주주의를 누리기 위해서는 개별 시민들이 집단적 의사결정에 평등하게 참여할 수 있어야 하며, 시민들 스스로도 민주적 결정에 적극적으로 참여하는 자세를 가져야 한다. 또한 정부의 정책 결정 과정은 모든 시민들이 접근할 수 있도록 개방되어 있어야 하며, 모든 시민들의 선호와 요구는 시민의 자원, 계급, 지위, 신분, 성에 관계없이 평등하게 대우 받아야 한다.

한편 책임성과 응답성은 국민을 대표하는 자에게 요구되는 덕목이다. 대표자가 '국민을 위한' 지배를 실현하기 위해서는 협의와 심의, 그리고 선거를 통해 주권자인 시민들에게 책임을 지도록 강제되어야 한다. 또한 대표자들은 시민의 요구에 응답해서 이를 충족시켜줄 의무가 있다. 만약 대표가 시민들의 요구에 응답하지 않을 경우 언제라도 시민이 권력을 빼앗을 수 있어야 한다.

마지막으로 앞에서 설명한 네 가지 자질이 원활하게 작동하기 위해서는 '경쟁'이 보장되어야 한다. 여러 정당, 혹은 대표가 되고자 하는 이들은 공정한 경쟁을 통해 시민의 선택을 받을 수 있어야 한다. 이같은 경쟁성은 시민들이 정치에 적극 참여하도록 자극하는 한편, 대표로 하여금 시민들의 요구를 정책 결정과 시행 과정에 반영하도록 격려하고 고무함으로써 자신을 뽑은 시민들에게 책임을 지도록 강제한다.

그러나 이 다섯 가지 자질만으로는 온전한 민주주의를 실현할 수 없다. 시민들이 아무리 적극적으로 참여하여 대표와 정책을 선택하려 해도 후보와 정책 대안이 두 개 이상의 복수가 아니면 '진정한 선택'이 아니기 때문이다. 따라서 시민들이 두 개 이상의 선택지 중에서 정책을 선택할 수 있도록 대안을 조직하고 수립하는 '결사의 자유'가 주어져야 한다.

이렇게 대안적 정책이 조직된다 해도 시민들에게 제대로 알려지지 않는다면 소용이 없다. 시민들이 각 대안적 정책들 사이에 어떤 차별성이 있는지 올바로 파악하지 못한 채 투표장에 들어간다면 그 투표 결과는 시민들의 진정한 집단적 의사를 드러내주지 못한다. 따라서 경쟁하는 대안들 간에 어떤 차이가 있는지 시민들이 정확히 파악할 수 있도록 이들 정보를 시민들에게 공개적으로 알려주는 언론의 자유가 보장되어야 한다. 언론의 자유가 없고 정책 대안에 대해 침묵이 강요된다면, 투표라는 민주적 과정을 거치면서도 아무런 생산적 결과를 얻지 못하는 '불임' 민주주의가 된다.

갈등을 처리하는 제도로서의 민주주의

민주주의의 여러 가지 기능 중에 특히 근대에 들어서면서 중요해진 역할이 있다. 바로 '갈등 처리' 기능이다. '민주화 이행 모델'을 제시한 정치학자 러스토우는 "민주주의는 갈등을 처리하는 데 있어서 가장 세련된 정치제도"라고 했다. 미국의 정치학자 아담 쉐보르스키 역시 "현대 민주주의는 더 이상 '모든 시민들이 합의할 수 있는 국민의 의사'를 발견하기 위한 장치가 아니다"라고 주장한다. 현대 사회는 소득, 선호, 가치가 다른 대규모의 이질적 시민들로 구성되어 있고, 계급, 성, 종족, 종교로 분열되어 갈등하고 있기 때문에 현대 민주주의는 '합의'의 기능보다 경쟁과 타협을 통해 이질적 시민들 간의 '갈등을 처리하는' 제도적 장치로 기능한다는 것이다.

민주주의는 갈등을 규칙과 과정에 의해 규제하고 처리한다. 하지만 갈등이 '궁극적으로, 완전히' 해결되는 것은 아니다. 갈등은 다만 정해진 기간 동안 시민들의 평화를 유지할 수 있을 만큼 잠정적으로 중단되는 것이다. 이렇듯 갈등을 잠정적으로 중단시킴으로써 평화를 유지시키는 비밀병기가 바로 투표용지라는 '종이 돌paper stone'이다.

쉐보르스키에 따르면 과거에는 힘이나 억압에 의해서 사회질서가 유지되었으나, 새롭게 등장한 민주주의는 갈등하는 정치세력들을 투표의 결과에 복종하게 만들었다. 힘에 의하지 않고도 시민 평화를 실현하고 유지하는 기적을 이룬 것이다. 민주주의 제도에서는 총보다 투표의 힘이 세다. 선거에서 패배한 자는 설혹 무력을 지녔다 해도 총 한 자루 없는 선거의 승리자에게 복종할 수밖에 없다. 패배자가 할 수 있는 일은 다음 선거에서 권력을 탈환할 기회를 노리는 것뿐이다.

쉐보르스키는 현대 민주주의에서 갈등을 처리하는 주체를 '정당'이라고 본다. 이들은 선거라는 경쟁을 통해 권력을 장악한다. 이때 중요한 것이 '경쟁 결과의 불확실성'이다. 경쟁을 해봐야 결과가 뻔하다면 경쟁에 뛰어들지 않을 것이기 때문이다. 경쟁 결과가 정해져 있지 않다는 사실이야말로 모든 정당으로 하여금 선거에서 승리할 가능성이 있다는 확신을 갖게 해서 선거 경쟁에 계속 뛰어들게 한다. 특정 정당의 승리가 '항상 보장된' 선거는 민주주의가 아니다. 어떤 정당도 선거에서 패배할 수 있어야 민주주의다.

예일대 정치학과 교수를 역임한 후안 린츠 역시 민주정부를 4년 또는 5년마다 정권이 바뀌는 '한시적 정부'라고 규정했다. 한시적 정부는 정권교체의 가능성이 열려 있어야 하고, 이를 위해 경쟁 결과의 불확실성이 제도로 정착되어 있어야 가능하다. 어느 누구도 경쟁 과정과 결과에 개입할 수 없도록 하며, 개인이 자의적으로 권력을 휘두르는 '인치人治'를 막고 법과 규칙에 의거한 '법치法治'를 확고히 해야 한다. 쉐보르스키는 모든 정당이 비민주적 방식으로 권력을 장악한다는 것은 상상조차 하지 못하고, 오직 선거 경쟁을 통해서만 권력을 장악할 수 있다는 믿음을 갖고 있을 때 민주주의는 '우리 동네의 유일한 게임the only game in town'으로 공고화된다고 했다.

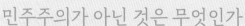

2
민주주의가 아닌 것은 무엇인가

비민주적 정치체제들

그렇다면 비민주적인 적선은 어떤 배들인가.

《손자병법》에서 "적을 알고 나를 알면 백번 싸워 백번 이긴다知彼知己百戰百勝"고 했듯이, 민주주의를 알기 위해서는 민주주의의 적인 비非민주주의 또는 반反민주주의 정치체제가 무엇인지 알아야 한다. 이제 고대 그리스 시대로부터 현대에 이르기까지 등장한 다양한 비민주적 정치제제를 살펴보자.

참주정과 전제정

고대 그리스에는 참주정tyranny과 전제정despotism이라는 비민주적 정치체제가 있었다. 참주정은 고대 그리스의 도시국가에서 나타난 체제로, 참주僭主(비합법적으로 군주가 된 사람)가 자신의 이익을 위해 폭정을 하는 정치체제다. 하지만 참주의 권력은 한시적이었다. 참주가 다스리는 이들은 도시국가의 자유로운 시민이었기 때문에 참주의 폭정을 더 이상 견디지 못하면 시민들이 언제든 권좌에서 끌어내릴 수 있었다. 아리스토텔레스는 《정치학》에서 "참주는 시민 혁명에 의해 전복될 가능성이 매우 크다"며, 참주정이 전복되면 시민들이 다시 자유를 찾을 수 있다고 했다.

한편 동시대 페르시아 제국에서는 황제가 권력을 장악한 전제정이 실시되었다. 전제정과 참주정 모두 군주의 폭정이라는 공통점이 있지만, 참주는 자유 시민 위에 군림한 반면 전제정에서는 황제 한 사람만이 자유롭고 나머지 모든 백성들은 노예상태였다는 차이점이 있었다. 따라서 자유 시민들이 군주를 몰아낼 가능성이 있었던 그리스 도시국가들과 달리 페르시아 제국에서는 백성들에 의해 황제가 전복될 가능성도 없고, 기존 전제 황제가 권력을 잃게 되면 다른 전제 황제로 대체될 뿐 백성들은 해방될 수 없었다.

독재

독재dictatorship의 어원은 로마 공화정 말기에 출현한 '독재자dictatur'에서 나왔다. 독재라고 하면 권력자 한 사람이 전권을 휘두르는 것 같은 부정적 이미지부터 떠올리기 쉽지만, 역사에서 처음 등장한 독재정은 의외로 '합법적'이었다. 역사에 등장한 첫 독재체제는 로마의 원로원이 통령 한 사람에게 합법적으로 권한을 부여한 것이다.

국가가 적으로부터 군사적 위협을 받게 되었을 때 민의를 모으고 회의체의 합의를 거쳐 가며 대처를 하려면 시간도 오래 걸리고 효율적으로 방어를 할 수 없다. 그래서 군사적으로 비상시기가 왔을 때 빠르고 단호한 대처를 할 수 있도록 지도자에게 전권을 주는 '독재'의 필요성이 떠오른다. 로마 원로원이 6개월 동안 한시적으로 절대적 명령권을 가진 통령을 독재자로 임명해 로마를 통치할 전권을 준 것도 그 때문이었다.

로마의 독재는 '합법적 전제정'이었던 만큼 민주주의의 원리를 어느 정도 공유하고 있었다. 민주주의의 기본 특성인 '한시성'과 '정통성'이 그것이다. 원로원이 6개월이란 기간을 정해서 비상대권을 부여했다는 점에서 한시적이었고,

비상사태 해결을 위해 적법하게 임명되었다는 점에서 정통성을 가졌다. 이렇게 해서 로마 최초의 독재자가 된 사람이 율리우스 카이사르다. 하지만 이후 카이사르의 양아들 옥타비아누스가 공화정을 폐지하고 황제가 되어 '가장 존엄한 자'라는 뜻의 아우구스투스로 불림으로써 카이사르 시대의 독재가 갖고 있던 민주적 요소를 뿌리 뽑아 버렸다.

이와 같이 로마 시대 독재는 한시성과 정통성을 가졌기에 민주주의호의 완전한 적선은 아니었지만 이후 등장한 대부분의 독재자들이 법의 지배를 유린하고 헌정주의를 파괴했다는 점에서 독재가 비민주적 정치체제인 것은 분명하다.

절대주의

근대의 맹아기에 출현한 절대주의absolutism는 절대군주가 모든 법과 관습의 제약에서 벗어나 무제한적인 권력을 행사한 정치체제다. 절대주의 이론은 16세기 프랑스 사상가 장 보댕이 1576년에 발표한 《국가론》에서 완성되었으며, 프랑스의 루이 13세와 루이 14세의 절대주의 통치에 이론적 기초를 제공했다. 루이 14세의 "짐이 곧 국가다"라는 말은 오늘날까지도 절대주의를 상징하는 표현으로 알려져 있다.

그러나 절대주의도 독재와 마찬가지로 민주주의의 정확한 반대말이 될 수 없다. 근대 민주주의의 국민주권 역시 국민의 '절대 권력'을 기본 요소로 가정하고 있기 때문이다. 다만 민주주의는 법의 지배와 헌정주의를 통해 국민의 권력이 법의 울타리 안에서만 발휘될 수 있도록 제한하는 반면, 절대주의는 군주가 어떤 제한도 받지 않고 자유롭게 절대 권력을 행사했다는 점에서 비민주적인 체제라고 할 수 있다.

권위주의

근대에 출현한 대표적 비민주적 정치체제로는 권위주의authoritarianism와 전체주의totalitarianism를 꼽을 수 있다. 권위주의와 전체주의는 제1차 세계대전과 제2차 세계대전 사이 기간에 등장했는데, 파시즘이나 나치즘이 대표적 예다. 이들 체제는 근대 이전의 비민주적 체제들에 비해 '대중성'을 띠었다는 특징이 있다. 봉건시대나 왕정시대와 달리 근대는 이미 대중적인 지지와 기반을 얻지 않으면 집권하기 어려운 시대가 되었다. 따라서 권위주의나 전체주의 권력자는 대중을 선동하고 여론을 호도해서 정권을 유지했다.

권위주의라는 말은 제1차 세계대전 후 이탈리아를 장악

한 파시스트들이 만들어낸 것이다. '권위'라는 개념은 막스 베버에게서 비롯된 것으로, 원래는 긍정적인 뜻을 지닌 용어다. 베버는 권력의 형대를 물리적 강제력으로 지배하는 '순수 권력'과, 호소와 설득 등을 통해 국민들로 하여금 국가의 명령을 자발적으로 따르게 만드는 '권위 있는 권력'으로 분류했다. 그런데 무력으로 권력을 장악한 파시스트들이 마치 자신들이 '권위'를 갖고 있는 것처럼 호도하기 위해 권위의 원래 의미를 위조하고 도용했다.

파시스트들은 자신의 정치체제를 '권위주의'라고 사칭하고, 자신들이 전복시킨 민주주의를 "부유한 자들이 돈으로 권력을 휘두르는 타락한 금권정치"라고 매도했다. 이렇게 파시스트들에 의해서 '권위authoritarian'라는 단어가 오염되자, 시카고 대학 정치학자 데이비드 이스턴이나 프랑크푸르트학파의 아도르노 등은 권위를 지칭할 때 'authoritarian' 대신 'authoritative'라는 단어를 사용하기도 했다.

한편 사르토리는 권위주의 역시 민주주의의 정확한 반대말이 될 수 없다고 주장했다. 근대 민주주의 국가 역시 권위에만 전적으로 의존해 통치하지 않고, 경찰력이나 군사력과 같은 물리적 폭력을 '합법적으로 독점 사용'하기 때문이다.

이같이 권위주의는 용어에서나 성격에서 근대 민주주의가 갖고 있는 모순을 상징하는 체제다.

전체주의

전체주의 역시 1919년에 이탈리아에서 파시즘을 처음 주창한 무솔리니가 1925년에 발명한 용어다. 전체주의는 히틀러에 의해 한 단계 더 이론적 체계를 갖추고 공고화되어 나치즘으로 나타났고, 결국 전 세계를 제2차 세계대전으로 끌고 들어간다. 제2차 세계대전 이후에는 스탈린주의가 파시즘과 나치즘을 대체하면서 전체주의의 전형이 되었고, 마오쩌둥주의, 프랑코주의, 김일성 주체사상이 뒤를 이었다.

전체주의는 '개인의 프라이버시를 철저하게 침략하고, 국가와 사회의 경계를 파괴하여 시민사회의 자율성을 없애버리는 정치체제'(S. 파이너)로, 지금까지 살펴본 여러 체제들 중에서 가장 민주주의와 대척점에 서 있는 비민주적 체제이고, 민주주의호가 싸워서 이겨야 할 주적선主敵船이다.

칼 프리드리히와 브레진스키는 전체주의의 특징에 대해 나치즘이나 공산주의 같은 공식적인 이데올로기를 바탕으로 단일 대중정당이 국가를 지배하고, 국가가 무력과 매스 미디어를 독점한 채 테러를 통해 국민을 두려움과 공포로 통제하며, 중앙집권적인 지시 경제를 공유한다는 점 등으로 설명했다.

이들에 따르면 국내 안정을 무력으로 확보한 전체주의 국가가 나아갈 길은 오직 전체주의 제국을 외부로 확장하는 것뿐이다. 그래서 이들 학자들은 전체주의가 자유민주주의 세계로 확장하는 것을 막기 위해서는 소련 제국과 중국을 봉쇄해야 한다고 주장했고, 이는 냉전기 미국의 기본적 대외정책이 되었다.

하지만 전체주의 모델의 기준이 되었던 스탈린주의는 1950년대에 역사의 무대에서 퇴장했고, 중국도 여전히 공산당 일당 독재체제이기는 하나 마오쩌둥 사후 서구에 문호를 개방하고 자유 시장경제를 부분적으로 도입하는 등 전체주의는 더 이상 찾아보기 힘든 비현실적인 체제가 되었다.

군벌독재, 족벌독재, 술탄주의

로마 시대에 처음 탄생한 독재는 근대에 들어와서 다시 나타났다. 프랑스에서는 1789년 혁명 이후 최초의 근대 '집단

독재'인 '혁명위원회 독재' 체제를 수립했다. 혁명위원회는 혁명을 거스르고 왕정을 복고하려는 이들을 적발하거나 감시하는 데 강력한 권력을 휘둘렀다. 1870년대 들어서 공산주의 이론을 정립한 마르크스도 독재의 필요성을 주장했다. 그에 따르면 자본주의 사회의 모순이 정점에 달하면 필히 공산주의 사회로 이행할 수밖에 없는데, 그 과도기에 노동자 계급이 집단적으로 지배하는 '프롤레타리아트 독재체제'가 한시적으로 들어서야 한다는 것이다.

현대에 들어서도 전근대적 성격의 독재가 출몰했다. 군벌독재Caudillismo, 족벌독재Caciqusismo, 술탄주의Sultanism 등이 그것이다. 이들 모두 후계자에게 불법적으로 권력을 세습하고, 가족이나 친지 등을 고위직에 집중 기용하며, 법을 통한 통치가 아니라 자의적인 인치를 편다는 점 등에서 공통점을 갖고 있다. 다만 통치 주체가 누구인가, 어떤 지역적 특성이 반영되었는가 등에 따라 차이점이 드러난다.

군벌독재는 군부가 권위주의를 휘두르는 체제로 남미의 군부독재들, 그리고 한국의 전두환과 신군부의 군벌독재를 예로 들 수 있다. 전쟁이나 전후 내란 중에 '사회 혼란을 수습한다'는 명분으로 군부가 집권하는 경우가 많은데, 혼란이 수습되면 민간에 정권을 이양하겠다던 애초 약속을 어기고 장기 집권으로 이어가곤 한다. 4·19 혁명 이후 사회 무질서를 바로잡겠다고 쿠데타를 일으켰다가 헌법을 바꿔가며 16년 간 집권한 박정희 대통령, 박 전 대통령의 시해 이후 역시 군사반란으로 권력을 잡은 뒤 이른바 '체육관 선거'라는 형식적인 선거를 통해 대통령이 된 전두환 등이 그러했다.

족벌주의 독재는 지방호족, 대지주, 정치세도가들의 소수 집단이 권력을 독점하는 체제로 필리핀의 마르코스와 이멜다 족벌의 독재가 대표적인 사례다. 중앙 정치권력 장악을 위해 정권을 지지하는 지주 계급과 지방 엘리트 등과 연합한다는 특징이 있다.

한편 술탄주의는 '술탄'이라는 전근대적인 지배자가 권력을 사유화하는 독재체제다. 원래 술탄은 이슬람의 지도자를 일컫는 말이나, 의미가 확장되어 종교 지도자와 같은 막강한 권력을 휘두르는 통치자를 지칭한다. 후안 린츠와 알프레드 스테판은 술탄주의의 특징으로 독재자가 스스로를 극단적으로 신격화하며 때때로 대중들을 대규모 의식 행사에 동원하고, 자신의 권력에 기생하는 조직을 통해 반대집단에 폭력을 행사한다는 점 등을 든다. 아이티의 듀발리에, 도미

니카의 투루히요, 중앙아프리카의 보카사, 필리핀의 마르코스 그리고 북한의 김일성을 대표적인 근대 술탄으로 꼽고 있다.

민주주의의 탄생과 진화:
아테네 민주주의에서
근대 대의민주주의로

1장에서 나침판을 바르게 잡기 위해 민주주의 개념을 알아보았으니 2장에서는 민주주의호의 본격적인 항해를 시작하자. 우선 기원전 5세기 고대 그리스의 도시국가 아테네에서 민주주의 1.0이 어떻게 발명되었는가를 살펴본 뒤에 아테네의 민주주의 1.0의 번영과 몰락을 답사하고, 아테네 민주주의가 로마의 공화주의로 이어지는 항로를 탐방할 것이다. 그리고 긴 중세 암흑기에 근대 민주주의의 맹아가 어떻게 싹텄는가를 추적할 것이다.

이어서 르네상스 이탈리아의 자유도시국가에서 자유 공화주의 형태로 민주주의 2.0이 재탄생하게 되는 항로를 탐사할 것이다. 다음으로 근대 유럽에서 대의민주주의라는 형태로 민주주의 3.0이 탄생하고 발전한 항로를 훑어볼 것이다. 민주주의 3.0의 선장 루소, 존 스튜어트 밀, 제임스 매디슨, 슘페터의 민주주의 이론을 분석함으로써 '근대'라는 시간적 제약과 '영토적 국민국가'라는 공간적 제약 속에서 어떻게 대의민주주의를 디자인하고, 혁신하고, 발전시켰는가를 추적할 것이다.

1
민주주의 1.0

아테네의 직접 민주주의와 로마의 공화주의

민주주의는 고대 그리스 도시국가 아테네에서 태동했다. 아테네 민주주의는 최초의 민주주의이자, 최고의 '이상적 민주주의'로 꼽히는 직접 민주주의 체제였지만 그 나름의 한계도 있었다. 아테네 민주주의의 영향을 받아 뒤이어 태어난 것이 로마의 공화주의였다. 이 두 체제를 '민주주의 최초의 형태인 1.0 버전'이라고 볼 수 있다.

아테네 민주주의의 탄생

그리스 도시국가 아테네에서는 펠로폰네소스 전쟁(기원전 431~기원전 404년) 이전에 '30인 참주정 과두정치 체제'가 통치했다. 그러다 기원전 508년에 '아테네 민주주의의 아버지'로 불리는 클레이스테네스가 참주정을 청산하고 시민들이 직접 참여해 이끄는 민주주의 제도를 발명했다. 이것은 아테네가 상업과 무역을 통해 그리스 세계에서 가장 번영하는 도시국가로 부상했기에 가능한 일이었다. 부를 통해 경제적으로 자유로워진 시민들이 그동안 자유를 억압했던 참주들을 몰아내고 스스로를 지배하게 된 것이다.

아테네 민주주의의 특성은 페리클레스가 펠로폰네소스 전쟁에서 전몰한 용사들을 추모하기 위해 했던 '장송연설'에서도 찾아볼 수 있다. 그는 "평등하고 자유로운 시민들이 적극적으로 직접 정치에 참여하여 자급자족적이고 선한 도시국가를 건설했고, 시민들이 스스로 지배하고 스스로 지배받는 '자치'가 아테네 민주주의의 특성"이라고 설명했다. 그는 이 연설에서 아테네 민주주의의 특징으로 인민의 권력, 다수의 지배, 법 앞에 평등, 자유, 공적 책임 등을 꼽으며 "아테네에서는 공적인 정치생활에 참여하지 않고 자기 사적인 업무에만 몰두하는 사람을 '전혀 하는 일이 없는 사람'이라고 부른다"면서 그들을 짐승과 구별되지 않는 무가치한 존재라고 경멸했다.

이렇듯 아테네 민주주의자들은 인간이 '정치적 동물'이

됨으로써 비로소 윤리적으로 완성되며, 개인적 윤리와 정치적 덕성은 분리되지 않는다고 믿었다. 선한 인간들이 참여해서 건설한 선한 폴리스가 공동선을 추구하는 선한 시민을 양성하고, 이들이 정의롭고, 행복하고, 서로 조화롭게 살아가는 것이 아테네 민주주의의 이상이었다.

아테네 민주주의는 어떻게 운영되었는가

그렇다면 아테네 민주주의호는 어떻게 운영되었는가. 고대 아테네에서는 폴리스에 거주하고 있는 18세 이상의 모든 남성 시민들이 '민회ecclesia'에 참여해서 폴리스의 주요 정책을 결정했다. 이는 시민의 수가 적었기에 가능한 일이었다. 아테네 민주주의의 전성기인 페리클레스 시대에조차도 민회에 참여할 수 있는 시민의 수는 3만 5,000명에서 4만 명밖에 안 되는 규모였다. 이들은 소득, 종족, 교육 수준이 비슷하고 서로를 잘 알면서 항상 소통했기에 '면대면face-to-face'의 구술문화를 누리는 것이 가능했다. 또한 대개 근거리에 살고 있었기 때문에 민회에 직접 참여할 수 있었다.

아테네 민주주의는 아고라나 프닉스와 같은 야외광장에서 수천 명이 참여하는 민회를 1년에 약 40차례 열었고, 심의를 통해 만장일치 방식으로 정책을 결정했다. 아테네에서는 봉급을 받는 전문 관료를 두지 않고, 모든 시민이 번갈아가면서 공직을 맡아 국가 행정을 수행하는 시민 행정citizen administration을 실시했다. 러시아의 공산혁명을 완성시킨 레닌은 저서 《국가와 혁명》에서 "사회주의 국가에서는 요리사도 나라를 다스릴 수 있다"고 했는데, 이때 레닌이 머릿속에 그린 행정의 형태가 바로 아테네의 시민행정이었다.

아테네에서는 최고 결정기구인 '500인 평의회' 위원을 가장 민주적인 선출방식, 즉 누구에게나 평등하게 당첨될 가능성이 주어지는 '추첨'으로 뽑았고, 평의회 산하의 '50인 위원회'가 정책을 집행했다. 50인 위원회는 500인 평의회에서 고루 돌아가며 윤번제로 위원들을 뽑았는데, 임기가 평의회 의원의 10분의 1이었기 때문에 모든 평의원은 일생에 최소한 한 번은 50인 위원회 위원이 될 수 있었다. 또 임기도 1년으로 제한하고 연임을 못하게 했기 때문에 참주가 부활하는 것을 막고 참여, 평등, 권력 분산과 책임성을 확보할 수 있었다. 이렇듯 아테네 민주주의에서는 모든 시민들이 통치자가 될 수 있는 '권리'를 갖고 있었을 뿐 아니라 공직을 맡아야 할 '의무'가 동시에 있었다.

아테네 민주주의를 실현시킨 제도적 장치들

아테네 민주주의는 현대에는 실현 불가능한 직접 민주주의다. 하지만 2,500년이 지난 지금까지도 여전히 민주주의 실현을 위한 정치적 지혜와 상상력을 제공해 주고 있다. 아테네가 참주정에서 민주정으로 전환하는 과정에 꼭 필요했던 몇 가지 제도적 장치를 갖추고 있었기 때문이다. 그 장치들은 다음과 같다.

첫째, 민회에 참여한 시민들은 누구나 어떤 주제에 대해서건 공적으로 발언할 수 있었다. 보편적 언론의 자유를 보장하는 '이세고리아isegoria' 제도 덕분이었다. 아테네 시민들은 이렇게 '자유롭게 말할 수 있는 권리'를 갖고 있었기에 자신이 말하고자 하는 바를 보다 전달력 있게 표현하는 수사학을 발전시킬 수 있었고, 적극적으로 광장 민주주의 정치에 참여할 수 있었다.

둘째, 페리클레스가 장송연설에서 자랑했듯이 아테네 민주주의는 '법 앞의 평등'을 보장하는 '이소노미아isonomia'라는 제도를 갖고 있었다. 아테네에서는 정책을 결정하는 과정에서 시민들이 포악한 자들의 권력에 휘둘리지 않는 것은 물론이며, 관습에도 의존하지 않았다. 법의 지배에 따라

철저히 자유와 평등을 보장받은 시민들이 정책을 결정했다. 이미 그 시대에 근대적인 법치주의의 개념을 갖고 있었던 것이다.

셋째, 앞서 말한 추첨제와 윤번제와 같은 선진적인 선거 제도가 갖춰져 있었다. 추첨을 통해 모든 시민들에게 공직을 맡을 수 있는 평등한 기회를 주었고, 윤번제를 통해 지배자가 오래 군림하지 못하게 막으면서 짧은 주기로 공정하고 공평하게 권력을 교체했다. 이런 선출 방식이 있었기에 대표들이 민주적 책임성을 가질 수 있었다.

넷째, 아테네 민주주의는 참주의 부활을 방지하고 지배자에게 책임을 물을 수 있는 제도적 장치를 갖추고 있었다. 민회에서 불법적이고 위헌적인 제안을 한 사람을 기소하고 처벌할 수 있는 '그라프 파라몬graphe paramon'이라는 위헌심사 제도가 그 예다. 또한 조개껍질 투표를 통해 지나치게 인기가 높고, 재산이 많고, 권력을 많이 가진 인물들을 추방하는 '도편추방제ostrakon'라는 국민탄핵제도도 있었다. 이들 제도가 있었기에 아테네에서 민주주의가 가능했던 것이다.

그러나 근대에 들어와서 정치 이론가들이 민주주의를 새롭게 고안하려 했을 때 아테네 식의 민주주의는 더 이상 선택할 수 있는 대안이 아니었다. 아테네 민주주의는 가장 이상적인 형태의 고전적 민주주의이지만, 동시에 많은 조건을 충족시켜야만 실현할 수 있는 '예외적' 민주주의였기 때문이다.

근대사회는 여러 면에서 아테네 민주주의를 실현하기 어려운 조건에 놓여 있다. 첫째, 아테네 식의 직접 민주주의를 구현하기 위해서는 구성원들이 대부분 비슷한 특성과 조건을 가져야 하지만, 민족과 인종이 뒤섞이고 다양한 종교와 문화가 함께 존재하는 근대국가에서는 이런 동질성을 유지하기가 어렵다.

둘째, 아테네 민주주의는 소규모 공동체였기에 가능했다. 아테네 시민들은 민회가 열리는 광장에 한꺼번에 모일 수 있을 만큼의 작은 규모였고, 아침에 집에서 출발하면 민회 회의시간에 맞추어 아고라에 도달할 수 있을 정도로 대부분 가까운 거리에 거주했다. 하지만 이러한 직접 민주주의는 거대한 규모의 영토와 수백, 수천만의 시민들로 구성된 근대 국민국가나 연방주의 국가에서는 상상할 수 없다.

셋째, 아테네 시민들은 봉급을 받지 않고 직접 공직을 맡아 행정 사무를 수행했으나 근대국가는 막스 베버가 이야기한 '관료'라는 행정전문가 집단이 봉급을 받으며 전업으로 국가를 경영할 수밖에 없다. 도시국가와 비교할 수 없을 만큼 사회가 복잡해지고 행정 업무가 많은 근대국가에서는 피치 못할 현상이다.

이렇듯 소규모 도시국가에서 동질적인 시민들이 실현했던 아테네 민주주의는 대규모의 영토적 국민국가에서 이질적인 시민들이 실현하려 한 근대 민주주의에는 맞지 않는 옷이었다.

아테네 민주주의의 한계

이상적인 민주주의라 꼽히는 아테네 민주주의에도 한계는 있었다. 아테네 민주주의는 편협하고 배타적이었다. 민주주의라고 하면 보통 '다수결의 원칙'을 떠올리지만, 아테네 민주주의는 사실 '다수를 배제함으로써 다수의 지배를 실현한' 민주주의였다. 시민권을 가진 사람만이 정치에 참여할 수 있는 제도였기 때문이다.

아테네의 시민권은 기원전 451년부터 세습을 통해 물려받는 특권이었다. 여성과 어린이, 그리고 '메틱스'라고 불리는 장기거류 외국인은 시민권을 얻지 못했다. 법적으로 주인의 '소유물'이었던 노예들이 시민이 될 수 없었던 것은 물론이다. 결국 민회에 참여해 의사결정을 할 수 있었던 사람은 전체 인구의 6분의 1에 지나지 않았으니, 아테네 민주주의는 노예 노동자들이 제공하는 물질적 풍요 위에서 특권 시민들만이 권리를 누린 '배제적'인 민주주의이자, 여성을 차별한 '가부장적' 민주주의였다.

또한 아테네 민주주의는 '회원권 민주주의membership democracy'였다. 모든 권리와 의무가 아테네 시민에게만 적용되었고, 이웃 폴리스의 시민들에게는 주어지지 않았다. 그리스 폴리스들 사이에는 '국제주의적' 민주주의가 존재하지 않았다.

게다가 프랑스 인권선언(1789)과 미국 독립선언(1776)에서 천명한, 자유와 평등에 관한 천부적이고 보편적 권리의 개념이 아테네 민주주의에는 존재하지 않았다. 아테네 시민들은 법의 지배를 받고 공적 결정에 직접 참여할 수 있었으나, 자유와 평등이 개인들에게 당연히 주어진 '양도할 수 없고 분할할 수 없는 권리'라는 의식은 없었다.

이같은 자체 한계와 사회의 변화로 아테네의 민주주의가 몰락해갈 무렵, 이웃한 로마에서는 공화주의가 번성하기 시작한다. 이제 우리는 직접 민주주의에서 공화주의로 노정을 바꾸어 민주주의호의 항해를 계속해보자.

로마 공화주의의 기원과 유산

아테네 민주주의는 펠로폰네소스 전쟁에서의 패배와 마케도니아의 필립 1세의 침략으로 막을 내리지만, 로마의 공화정에서 명맥을 이었다. 공화주의republicanism라는 단어는 'res publica(공적인 것)'에서 비롯되었다. 아테네 민주주의가 '국민의 지배'라면 로마의 공화주의는 '공적 시민의 지배'다.

아테네에서 직접 민주주의로 실현되던 제도가 로마에서 공화주의로 변형된 데는 이유가 있다. 우선 로마는 아테네에 비해 사회가 복잡하고 구성원들도 이질적이었다. 도시국가인 아테네에서와 같은 시민적 덕성이 자라나기 힘든 조건이었다. 또한 이해관계가 다양한 이들이 모인 사회다 보니 시민들, 혹은 정치적 파당 간에 불화와 갈등이 심했다. 따라서 로마에서는 동질적 시민들 간의 조화로운 이해관계에 기초했던 아테네 민주주의를 실현할 수 없었다.

그래서 로마 공화주의는 아테네 민주주의의 '동질적 시민에 기반한다'는 가정을 폐기하고 '이질적 시민들의 공공선 추구'를 목표로 삼았다. 그리고 이를 위해 여러 정치권력이 균형을 유지하며 통치하는 혼합정체를 발명했다. 로마 공화정의 이론가인 폴리비우스가 내린 공화정의 정의를 보면 혼합정이 어떤 것인지 알 수 있다. 즉 민주정의 특징을 지닌 호민관과 귀족 계급을 대표하는 원로원, 그리고 왕정의 성격을 띤 집정관의 덕성이 균형 있게 결합된 복합정체가 공화정이라는 것이다. 키케로는 《국가론》에서 "권력은 인민에게 있고, 권위는 원로원에 귀속될 때 법적 균형을 바탕으로 온건하고 조화로운 공화정이 유지될 수 있다"고 주장하기도 했다.

여러 정치 세력과 주체가 권력을 나누고 균형을 맞추는 로마 공화주의는 이후의 근대 민주주의의 기본적 개념에 많은 영향을 미쳤다. 몽테스키외의 삼권분립, 존 로크의 국왕(왕정)·상원(귀족정)·하원(민주정) 간의 권력 분립과 균형, 제임스 매디슨의 '갈등하는 이익들 간의 견제와 균형에 기초한 미국 헌법 디자인' 등이 로마 공화주의의 영감을 받아 만들어졌다.

이렇듯 아테네 민주주의와 로마 공화주의는 차이점이 있지만, 두 체제가 공통적으로 받아들인 전제가 있다. 인간은 정치결사체에 참여해야 자신의 잠재력을 실현하고 윤리적 개인을 완성할 수 있는 '정치적 동물'이라는 가정이다. 아테네 민주주의가 상정했던 '선한 시민이 되어야 선한 인간이 될 수 있다'는 '선한 인간=선한 시민'의 공식을 로마 공화제도 공유한 것이다. 로마 시민들은 "로마 시민이 된다는 것은 최고의 영예다"라며 시민 공화주의에 대해 엄청난 자부심을 가지고 있었다.

이같은 자부심은 1963년 6월 케네디 미국 대통령의 브란덴부르크 광장 연설에서도 재확인되었다. 그는 베를린 시민들 앞에서 다음과 같은 연설을 했다.

"2,000년 전에는 '나는 로마 시민이다'는 사실이 가장 자부심이 강한 자랑이었습니다. 지금 자유세계에서는 '나는 베를린 시민이다Ich Bin ein Berliner'라는 표현이 가장 자부심 강한 자랑입니다. (…) 그러므로 자유인으로서 '나는 베를린 시민이다'라는 말에 저도 강한 자부심을 갖고 있습니다."

베를린 시민들에게 로마의 시민 공화주의와 같은 자부심을 불러일으킨 케네디는 우레와 같은 갈채를 받았다.

민주주의 2.0

르네상스 자유도시국가의 공화주의

하지만 로마 공화정도 아우구스투스가 황제 자리에 올라 로마제국을 수립하면서 끝을 맺었다. 이후 민주주의는 긴 숙면기에 들어간다. 서로마제국 말기에 콘스탄티누스 대제가 313년 기독교를 공인하는 밀라노칙령을 반포하고, 테오도시우스 황제가 392년 기독교를 로마제국의 국교로 선포함으로써 유럽은 '정치적 동물'이 주도했던 인간 중심 시대에서 '믿음의 동물'이 신의 나라를 건설하려 했던 크리스천 중세시대로 이행한 것이다.

중세는 비록 민주주의의 흔적을 발견하기 어려운 이른바 '암흑기'였지만, 근대 민주주의가 출현하는 데 있어서 중요한 두 가지 유산을 남겼다. 하나는 '유대-크리스천 유산'이며, 다른 하나는 아테네 민주주의와 로마 공화주의를 이어받은 '그리스-로마 고전'이다. 우선 이들 유산을 살펴본 뒤 르네상스 자유도시국가의 공화주의를 탐험해 보도록 하자.

제한 국가의 전통과 유산

유대-크리스천 유산, 즉 종교가 중세 사회 형성에 미친 영향 중 하나는 중세 군주의 권력이 교회에 의해 제약을 받는 '제한 국가limited state'를 만들었다는 것이다. 중세는 권력구조가 다중적이고 복합적이었다. 중세 군주의 권력과 권위는 절대적이지 않았다. 교회의 수장인 교황과 초국가적인 세속적 수장인 신성로마제국 황제, 그리고 비잔틴제국 황제에 의해 종교적으로나 세속적으로 제한을 받았다. 뿐만 아니라 중세 군주는 가신, 지방영주, 교회, 대학, 자치도시 등 아래로부터도 끊임없이 도전을 받았다.

중세 군주가 교회의 제약을 받을 수밖에 없었던 것은 중세 국가가 '신과 인간의 언약covenant으로 창설되었다'는 의식 때문이었다. 그에 따라 중세 군주는 신이 위임한 한계 내에서만 지배를 하고 공공의 복지와 평화를 유지하는 임무를 져야 했다.

중세 시대 제한 국가의 특성을 잘 보여주는 제도가 '저항권'이다. 군주가 신에게서 위임받은 권위의 한계를 뛰어넘어 지나친 권력을 휘둘렀을 때, 피지배자가 군주의 명령에 불복하고 저항할 수 있었던 권리다. 고대 그리스의 아리스토텔레스 철학을 중세에 재발견한 신학자 토마스 아퀴나스는 악한 군주에게 저항하는 것을 허용하는 것은 강도에게 저항할 수 있는 것과 마찬가지의 권리라며 저항권을 옹호했다.

이같이 중세의 세속법은 절대적 권력을 갖지 못했고, 자연법과 신법에 의해 지탱되고 권위를 인정받아야 했다. "군주는 신법이 인간 이성을 통해 구현된 자연법에서 통치의 정당성을 찾아야 한다"는 토마스 아퀴나스의 주장은 근대 민주주의에 나타난 '제한적 입헌정부 이론'의 효시가 되었다.

루터의 근대적 개인의 발견

유대-크리스천 유산이 중세에 민주주의의 맹아를 틔운 또한 가지 사건이 종교개혁이다. 1517년 루터는 비텐베르크 교회 정문에 '95개조 반박문'을 붙이면서 프로테스탄트 종교개혁의 불을 질렀다. 루터는 개인이 각자 성경을 통해서 신의 의지를 파악하고 구원을 받을 수 있다는 '만인제사장

설'을 주장함으로써 사제를 통해서만 구원을 받을 수 있다는 가톨릭 교회에 정면으로 항의했다.

종교개혁을 주도한 루터는 근대 민주주의에 엄청난 기여를 했다. "개인은 신 앞에 홀로 서있다"고 주장하면서 근대의 주체인 '개인'을 발견했을 뿐 아니라, "사제와 평신도는 신 앞에서 영적으로 평등하다"면서 근대 민주주의의 기본 이념인 평등사상을 전파했다.

성경을 독일어로 번역하고 구텐베르크가 발명한 인쇄기로 독일어 성경 50만 부를 찍어 보급해서 인쇄문명 시대를 연 것도 루터였다. 그때까지 성경은 성직자와 귀족들만이 읽을 수 있는 라틴어로 쓰였고, 라틴어를 모르는 대부분 독일 평민들은 '성경 문맹'이었다. 루터가 독일어로 쓴 성경을 펴냄으로써 평민들도 성경을 읽을 수 있게 되었고, "성경을 통해서만 구원을 받을 수 있다"는 루터의 '성경 지상주의'를 믿게 되었다.

루터의 독일어 성경 인쇄와 대량보급은 인쇄문명을 통해 대의민주주의를 실현할 수 있다는 것을 보여준 정치적 사건이다. 인쇄문명은 거대한 영토국가 안에서 정치인들이 먼 거리에 떨어져 있는 지지자들과 인쇄물을 통해 소통하고,

정책을 교환하고, 대표로 선출되어 국민의회로 진출할 수 있게 해주었다. 루터의 성경 인쇄와 보급 사건이 없었다면 유럽에서 대의민주주의가 실현될 수 없었을 것이다.

그리스-로마 고전의 유지와 보급

한편 그리스-로마 고전은 후마니타스, 즉 인본주의를 재발견하게 하여 중세가 근대사회로 이행하는 데 밑거름이 되었다. 그리스와 로마 시대에 꽃을 피웠던 인문학은 유럽이 기독교 세계가 되면서 잊히고 지워졌다. 중세는 신을 받드는 '믿음 중심'의 세계였다. 하지만 그리스 로마의 고전은 수도원을 중심으로 보관되고 전달되어 인본주의를 재탄생하게 했고, 결국 중세가 '인간 중심'의 근대세계로 이행하는 데 밑거름이 되었다. 이것이 르네상스다.

그리스-로마 인본주의는 14세기에서 16세기 사이 이탈리아 도시공화국인 피렌체, 베네치아, 제노아와 브뤼헤, 안트베르펜, 뤼베크, 함부르크, 브레멘과 같은 북유럽 한자동맹Hanseatic League 자유도시에서 부활했다. 그리스의 민주주의와 로마의 공화주의가 소규모 자유도시국가에서 부활한 것이다.

르네상스 시대 자유도시국가에서 부활한 공화주의를 '민주주의 2.0'이라 부르는 것은 르네상스 공화주의가 개인적 자유, 정치 참여, 인민·귀족·군주 간의 세력 균형을 추구하는 혼합정체, 언론·표현·결사의 자유 보장, 법의 지배 등 민주주의의 기본적인 요소를 실현하고 있었기 때문이다.

마키아벨리의 자유 공화주의

로마 공화주의와 아테네 민주주의를 르네상스 자유도시 공화국에 적용할 수 있는 방법을 이론적으로 찾은 대표적 인물이 피렌체의 외교관이자 정치 사상가였던 마키아벨리다. 그는 《군주론》과 《로마사 논고》 등의 저서를 통해 시민 권력과 국가 권력 사이에 적절한 균형을 이룰 방법을 찾아냈다. 민주정·귀족정·군주정이 균형을 이루어 상호 견제하는 로마 공화주의의 '혼합정체'가 그것이다.

그는 각각의 정치체제가 갖고 있는 결점을 보완하도록 설계된 혼합정체는 서로 경쟁관계에 있는 사회집단, 특히 부자와 가난한 이들의 이해관계의 균형을 잡아주는 데 있어서 가장 뛰어난 체제라고 주장했다. 단, 혼합정체는 모든 시민들에게 자유가 보장되어 있을 때에만 장점을 발휘할 수 있다는 게 마키아벨리의 생각이었다. 귀족, 부르주아지와 민중이 각자 자신의 요구를 자유롭게 표출할 수 있어야 모든 세력이 동의할 수 있는 법체계가 마련될 것이고, 그래야만 모든 사회구성원이 정부의 결정을 자발적으로 받아들일 것이기 때문이다.

또한 그는 피렌체 시민들이 공공업무 결정 과정에 적극적으로 참여해서 자치를 실현하는 자유 공화주의를 염원했다. 그러려면 시민들에게 정치적 자유가 보장되어야 하는데, 이를 위해서는 법의 지배에 의존하고 힘의 사용을 최소화해야 한다고 생각했다. 여기서 가장 중요한 것이 지배자와 시민 간의 신뢰이며, 이 신뢰가 깨지면 군주는 몰락한다는 게 그의 주장이었다. 마키아벨리는《군주론》20장에 다음과 같이 썼다.

군주에게 가장 훌륭한 요새는 백성에게 미움을 받지 않는 것이다. 군주가 물리적인 요새를 갖추고 있어도 백성이 군주를 미워한다면 요새는 군주를 지켜주지 못한다. (…) 요새만 믿고 백성들의 미움 사는 것을 개의치 않는 군주는 비난받아 마땅하다.

르네상스 도시와 대학의 공화주의

르네상스 시대의 공화주의를 실현한 단위는 결사체, 조합, 길드, 대학들이다. 이들은 군주, 교황, 황제로부터 특허장charter을 받아 자치 영역을 확보했는데, 이러한 영역은 주로 도시에 집중되었다. 자치 영역의 시민결사체와 길드는 많은 자유를 누렸다. 한자동맹의 도시를 방문한 한 농노가 "도시의 공기는 자유롭다"고 감탄한 것은 이런 분위기 때문이었다.

중세에 처음 등장한 대학university은 '보편성universitas의 원리에 기초했다'는 뜻에서 이름 지어졌는데, 그 출발은 오늘날 대학의 모습과 달리 학생과 교수들이 공동의 목적을 위해 결사한 학문조합이자 길드 공동체였다. 이들 학문조합과 길드 공동체가 군주와 교황으로부터 특허장을 받아 자치권과 특권을 획득하면서 중세의 자치 대학이 탄생했다. 이탈리아의 볼로냐 대학이 최초의 대학이다.

대학은 이렇게 얻은 자치권을 통해 자유가 봉쇄된 중세 사회에 자유의 공기를 불어넣었다. 신은 자연을 만들고 인간은 도시를 만들었으며, 부르주아지는 자유도시에서 시장을 만들고 교수들과 대학생들은 자유 대학을 만들었다. 이들 시장과 자유 대학은 중세를 지나 근대에 들어서면서 자유민주주의를 배양하는 온상이 되었다.

3
민주주의 3.0

근대 대의민주주의의 탄생과 발전

민주주의 2.0은 이탈리아 자유도시공화국과 한자 자유도시 연맹의 쇠퇴로 사라졌다. 대신 근대가 도래하면서 '18세기 민주주의자들'이 대의민주주의를 고안함으로써 민주주의 3.0이 출범했다. 민주주의 3.0 시대는 근대의 영토적 주권국가 형성과 함께 시작된다. 영토적 주권국가란 지리적 경계를 통해 확정된 영토 안에서 주권이 행사되는 국가로, 그 기원은 가톨릭과 프로테스탄트 국가들 간에 벌어진 30년 전쟁을 끝내며 맺은 1648년의 베스트팔렌 조약이다. 영토국가라는 특성에 구텐베르크의 인쇄문명이 더해지면서 근대가 문을 열었고, 민주주의도 부활한다. 단, 이 시대의 민주주의는 고대 아테네의 직접 민주주의도 아니고 르네상스 자유도시 공화주의도 아닌 '대의민주주의representative democracy'였다.

과도기적 대의 정치체제인 신분제 의회국가

중세가 근대로 넘어가면서 바로 대의민주주의가 시행된 것은 아니다. 그 과도기에 '신분제 의회국가'라는 형태가 나타난다. 이탈리아 정치학자 잔프랑코 파지가 개념화한 신분제 의회국가는 여러 신분의 대표자들이 함께 의회를 구성해 정책을 결정하는 체제다. 신분제 의회는 도시 부르주아지들의 성장 때문에 생겨났다. 도시 부르주아지들이 '긴 16세기Long Sixteenth Century(1450~1640년, 유럽이 지중해와 대서양에서 원거리 무역을 번성시킨 약 200년에 이르는 시대를 일컫는 말)'에 많은 부와 권력을 쌓자, 유럽의 군주들이 이러한 도시 부르주아지들의 권력을 법적으로 인정해 주지 않을 수 없었던 것이다.

신분제 의회는 제1신분(승려) 의회, 제2신분(귀족) 의회, 제3신분(부르주아지) 의회로 구성되었는데, 프랑스의 3부회Etats-Generaux, 영국의 팔리아멘트Parliament, 독일의 란트슈텐데Landstände, 스페인의 코르테스Cortes가 대표적이었다.

군주들이 부르주아지에게 제3신분 의회를 설립하도록 허용하고 지방으로 권력을 확장할 수 있도록 법적으로 인정한 것은 사실 군주 자신의 이익을 위해서였다. 부르주아지를 이용해 자신의 권력을 지방으로 넓혀서 조세징수권을 확대하고 권력을 중앙집권화하려는 것이었다. 신분제 의회는 겉으로는 민주주의의 성격을 가진 것처럼 보였지만 실은 강한 절대주의 국가를 세우려는 세속 군주의 야망을 충족시키는 도구였을 뿐이다.

그러나 이같은 빈껍데기 의회는 오래가지 못했다. 절대주의 프랑스 왕정의 부패가 극에 달하자 1789년 부르주아지들은 그동안 유명무실했던 신분제 의회를 열어줄 것을 왕에게 요구했고, 루이 16세는 이를 받아들여 3부회를 소집할 수밖에 없었다. 이 회의에서 미라보와 시이예스를 비롯한 부르주아지 대표들은 제헌의회를 열어 새로 헌법을 제정할 것을 요청했으나 루이 16세는 이를 거부했고, 이에 민중이 폭동을 일으켜 바스티유 감옥을 함락시키면서 프랑스 대혁명이 시작되었다.

대의민주주의의 탄생

중세에서 근대로 넘어가는 길목에는 신분제 의회 외에도 많은 대의기구, 제도, 의회가 존재했다. 이런 과도기적인 체제를 한 단계 발전시켜 대의민주주의에 도달하기까지는 부르주아지가 주도한 산업혁명이 필요했다. 군주들은 갈수록 큰 부를 쌓는 도시 부르주아지를 통치의 물질적 기반으로 삼을 수밖에 없었고, 이들 부르주아지가 요구하는 각종 권리, 즉 국가의 간섭으로부터 자유로운 생명, 자유, 재산권을 법적으로 보장해 주어야만 했다.

부르주아지들은 사적인 영역에서의 자유를 얻는 데서 한발 더 나아가 국가의 정책 결정에 참여할 수 있는 참정권과 공적 영역에서의 자치를 요구했다. 유럽에서 산업혁명으로 성장한 부르주아지가 민주화를 주도하면서 부르주아지는 산업혁명과 민주화혁명이라는 '쌍둥이 근대 혁명'의 주체가 되었다.

부르주아 민주주의자들이 당면한 과제는 소규모 직접 민주주의 사회였던 아테네에서 가능했던 '시민의 지배'를 어떻게 방대한 영토와 인구를 가진 근대국가에서 실현할 것인지 그 방법을 찾는 것이었다. 존 스튜어트 밀과 같은

'18세기의 민주주의자들'은 시민들이 대표를 통해 간접적으로 지배하는 '대의민주주의'에서 그 답을 찾았다. 다음은 《대의정부론》에서 밀이 주창한 내용이다.

모든 사회 위기를 완전히 해결할 수 있는 유일한 정부는 모든 인민이 참여하는 정부고, 이러한 정부가 최선의 이상적 정부다. (…) 그러나 조그만 읍의 규모를 넘어서는 공동체에서는 구성원들이 공적 업무에서 매우 작은 부분밖에 참여할 수 없기 때문에 완전한 정부는 대의정부여야 한다는 결론이 나온다.

영토적 국민국가의 시대로 들어서면서 직접 민주주의가 실현 불가능해지자 대의민주주의를 채택할 수밖에 없었지만, 로버트 달은 "국민의 집단적인 공공의사가 지배한다는 고전적인 아테네 민주주의 사상이 사라진 것은 아니며, 보다 광대한 영역으로 확대된 '넓은 민주주의'가 대의민주주의"라고 규정했다.

대의민주주의는 아테네의 고전적 직접 민주주의를 모방한 것이 아니고 근대 시민들이 새롭게 발명한 민주주의다.

선거라는 수단을 통해서 시민들의 집단의사를 확인하고, 시민들의 대표를 통해 그 집단의사를 간접적으로 실현하려는 제도로, 18세기 이래 최고의 정치제도 혁신이었다. 아니, 18세기뿐 아니라 지난 천 년(1000~1999) 사이에 일어난 가장 빛나는 민주주의의 제도적 혁신이다.

근대 대의민주주의가 보호하려 했던 자유는 국민들이 자신의 집단적 의사를 직접 실현한다는 고전적 민주주의의 '적극적 자유'가 아니라 국가권력의 간섭으로부터 시민의 인권, 생명, 재산, 자유를 보호한다는 '소극적 자유'였다. 그래서 근대 대의민주주의를 '보호 민주주의protective democracy'라고 부르기도 한다.

대의민주주의가 과연 어떤 것인가에 대해서 18세기 민주주의자들은 각자 다른 답안을 내놓았다. 아테네의 직접 민주주의를 이상적 민주주의라고 보았던 장 자크 루소, 미국 헌법의 아버지라고 불리는 제임스 매디슨, 20세기에 들어 새로 나타난 파시즘, 나치즘 등 전체주의 치하에서 보다 현실적인 민주주의를 모색한 조지프 슘페터는 대의민주주의를 어떻게 바라보았는지 지금부터 살펴보자.

선거는 일반의사를 '발견'하는 과정이라 본 루소

루소는 국민의 일반의사가 선험적으로 이미 존재하고 있는 것이라고 가정하고, 대의민주주의의 기본적 장치인 선거는 이 일반의사를 '발견하는' 과정이라고 보았다. 선거 결과로 다수가 된 사람들은 일반의사를 '제대로 발견한' 사람들이고, 소수가 된 이들은 일반의사를 발견하는 데 '실패한' 사람들이라는 것이다. 그는 또한 "소수자들은 그동안 자신이 믿고 있었던 것이 사회의 일반의사가 아니라고 투표를 통해 판명된 이상 다수가 발견한 진정한 일반의사에 복종할 의무를 지닌다"고 주장했다. 이같은 루소의 주장은 다수가 소수 의사를 억압해 독재와 전제주의를 열 수 있다는 문제가 있다.

또한 루소의 민주주의론은 20세기의 다원주의 사회에는 적용되기 어렵다. 이런 민주주의는 루소가 태어난 제네바처럼 구성원들이 동질적이고 조화로운 관계에 있는 소규모 시민 공동체에서 적용할 수 있는 것이다. 하지만 근대국가는 방대한 영토에서 매우 이질적인 시민들이 대규모로 모여 살기 때문에 모든 구성원 간의 직접 소통이 불가능하고, 따라서 시민이 집단적으로 선호하는 일반의사를 발견하는 것이 어렵다.

그렇다면 근대사회에 어울리는 대의민주주의란 어떤 것일까. 그 대안을 만들어낸 이들이 제임스 매디슨과 조지프 슘페터 등이다.

미국의 대의민주주의 헌법을 설계한 매디슨

매디슨이 디자인한 민주주의는 몇 가지 점에서 매우 혁신적이었다. 우선 그는 '민주적 공화주의는 소규모 국가에서만 가능하다'는 고전적 개념을 극복하고, 민주주의가 거대한 영토와 인구를 가진 근대국가에서도 가능하게 만들었다. 또한 넓은 국토의 영토국가에서 공공선을 실현하는 데 효과적인 '연방주의(정부의 권력이 여러 지역으로 나뉘어 각각의 자율적인 권한을 인정하는 정치체제)'를 설계했고, 민주주의가 제대로 구현될 수 있도록 주기적 선거, 임기 제한, 권력분립 등의 제도를 만들었다.

매디슨은 고대 아테네의 '순수 민주주의'를 이상적이라고 보지 않았다. 오히려 많은 한계를 가진 제도라고 평가했다. 아테네 공의회에 모인 대표들이 모두 소크라테스와 같이 현명한 철학자라 하더라도 소크라테스가 100명이 넘으면 대중의 인기에 영합하려는 포퓰리즘과 선동이 작동해서 공공선을 이끌어내는 데 실패한다는 것이다. 그래서 순수 민주주의 체제에서는 소요와 격렬한 논쟁이 일어나기 쉽고 개인의 안전과 소유권을 제대로 보호하지 못하며, 체제의 수명도 짧다고 판단했다.

그는 루소와 달리 민주주의가 규모가 큰 연방주의 국가에서 오히려 더 잘 이루어진다고 보았다. 국가 영토가 커지면 다양한 분파와 이익 집단을 아우르게 되고, 이들이 서로 견제와 균형을 이루기 때문에 다수가 공모해서 시민들의 권리를 침해할 가능성이 적어진다는 것이다. 그리고 이렇게 구성원들이 이질적이고 규모도 큰 근대사회에서는 '공화정의 원리'에 따른 대의민주주의가 바람직하다고 주장했다.

그는 인간이 선천적으로 적대적이고 경쟁심이 강하며 파당을 형성하려는 본성을 지니고 있다는 성악설을 믿었다. 그래서 이런 파당의 폐해를 방지하기 위해 여러 가지 장치를 마련했으니, 그중 가장 중요한 것이 선거다. 선거를 통해 뽑힌 대표가 파당의 이익보다 국가 이익이나 공공선을 제대로 실천하게 만들기 위해서는 이들이 특정 이익집단의 대리자로 행동하지 못하게 선거를 자주, 그리고 주기적으로 실시하게 했으며, 임기도 철저히 제한했다. 하지만 선거를

너무 자주 치르면 선거를 치른 효과가 제대로 나타날 수 없기 때문에 2년마다 하원의원을 선출하는 제도를 고안했다.

또한 그는 힘을 가진 이들이 서로를 통제할 수 있도록 하는 장치인 권력분립을 고안했다. 그는 행정부와 입법부를 나누고, 입법부를 상원과 하원으로 나누며 사법부를 따로 두게 했다. 이를 통해 입법, 사법, 행정의 3부 대표들이 사익을 추구하는 것을 방지하고, 설혹 악인이 대표로 선출되는 경우가 있다 해도 그가 오직 공익만을 추구하도록 헌법의 틀에 가두어 놓아야 한다고 주장했으니, 죄수나 정신 이상자가 난동을 부리는 것을 막기 위해 입히는 '황금죄수복'을 위정자들에게도 입히자는 것이다.

이런 내용으로 매디슨이 설계한 미국 헌법은 지금까지 존재하는 최고最古의 성문 대의민주주의 헌법으로, 지난 230년 동안 미국 국민들의 정치적 갈등을 훌륭하게 처리하고 국민적 합의를 만들어내는 데 성공적으로 작동해 왔다.

슘페터의 최소주의적 민주주의

하지만 제1차 세계대전과 제2차 세계대전 사이인 이른바 전간기戰間期에 유럽의 많은 나라에서 민주주의가 무너지고 전체주의가 들어서자, 18세기 민주주의자들의 낙관적인 고전적 대의민주주의 이론에 의문을 제시하는 이들이 나타났다. 특히 전체주의가 들어선 오스트리아, 이탈리아 등의 지식인들이 나서서 당시 사회를 설명할 수 있는, 좀 더 현실적인 대의민주주의 개념을 내놓았다.

오스트리아 출신 정치경제학자 슘페터는 대의민주주의가 과연 현실적으로 공공선을 대의할 수 있는가에 대해서부터 의문을 제기했다. 그는 "모든 인민이 합의할 수 있는 공동선이란 존재하지 않으며, 설사 그런 공동선이 존재한다 할지라도 그 공동선이 모든 문제들에 대해 결정적 해답을 주지 않는다"고 주장했다. 그리고 "인민이 과연 그 공동선을 인지할 수 있는지도 문제일 뿐 아니라, 설사 공동선이 무엇인지를 안다 하더라도 그것을 어떻게 실행에 옮길 수 있을 것인가는 여전히 논쟁점으로 남는다"고 했다.

슘페터는 경제학의 논리를 빌어 정치를 설명했다. 시장에서 기업인들이 이윤을 극대화하려는 목표로 활동하는 것과 마찬가지로, 대의민주주의는 정치적 경쟁시장에서 정치인들이 권력을 장악하기 위해 유권자들이 가장 선호할 만한 정책을 제시해 표를 최대한 많이 모으려 한다는 것이다. 하지만 단순히 많은 사람이 선택해서 결정된 것이라 해서 그것이 곧 인민의 일반의사나 공동선은 아니라고 그는 판단했다. 개인은 무지하고 충동과 편견에 좌우되며, 정치가의 '설득'에 의해 개인의 선호가 조작될 수 있기 때문이다.

그 대표적 예가 나치즘의 등장이다. 히틀러의 나치는 바이마르 공화국에서 선거라는 '민주적 과정'을 통해 집권했다. 비합리적인 독일 국민이 나치의 선동에 현혹되어 충동적으로 선택한 결과가 전체주의를 불러왔다. 대의민주주의란 이렇듯 인민이 정치인을 움직이는 것이 아니라 정치인이 유권자를 좌지우지할 수 있고, 인민의 지배가 아니라 정치가의 지배 또는 정당의 지배가 되어버린다.

그렇다면 이런 속성이 있는데도 불구하고 대의민주주의를 '민주주의'라 할 수 있을까. 이에 대해 슘페터는 '최소주의적minimalist 민주주의'라는 답을 내놓았다. 인민이 선거를 통해 자신들을 지배할 사람을 받아들이거나 거부할 수 있다면 최소한의 민주주의가 실현될 수 있다는 주장이다. 인민은 투표와 집회, 항의를 통해 정부를 구성하며, 설혹 자신이 선출한 정부 대표에게 불만이 있더라도 투표 결과를 일단 수용하고, 다음 선거에서 대표를 축출하거나 계속 집권

시킴으로써 대표가 인민들에게 책임을 지도록 해야 한다는 것이다. 이때 인민의 의사를 모으고 표출하는 역할을 하는 통로는 정당이므로, 슘페터의 민주주의는 정당 민주주의로 귀결된다.

최소주의적 민주주의의 목표는 이렇게 갈등하는 정치세력들이 정당을 조직하여 갈등을 평화롭게 해결하는 것이었다. 오스트리아의 한스 켈젠, 이탈리아의 노베르토 보비오, 미국의 앤서니 다운즈, 윌리엄 라이커, 로버트 달이 이를 지지했다.

실상 슘페터의 정당 민주주의론이 나오기 150년 전에 이미 제임스 매디슨도 정당 민주주의로 전향한 바 있다. 1787년 헌정체제를 설계할 당시에는 '정당을 만들지 말라'는 워싱턴의 당부를 따랐지만, 1791년 친구인 제퍼슨과 함께 공화민주당이라는 반反연방주의 정당을 창당함으로써 미국의 대의민주주의는 이미 정당이 주도하는 민주주의로 전환했다.

민주주의의
발전과 승리

3장에서 우리의 민주주의호는 미국에서 시작된 대의민주주의가 어떤 장애물을 넘어가며 좀 더 완전한 형태로 발전해 나아갔는지 그 항로를 답사할 것이다. 그 후 네 번에 걸쳐 세계적 민주화의 물결이 밀려왔다가 이를 거스르는 역류가 반복된 결과 민주주의가 최종적으로 승리하게 되는 투쟁과 좌절 그리고 환희의 항로를 추적할 것이다.

1
대의민주주의의 발전

제임스 매디슨이 미국의 대의민주주의 제도를 설계한 뒤, 많은 유럽과 남미 국가들도 이를 모방하고 변형해서 자신의 옷에 맞는 대의민주주의를 실시하고자 시도했다. 하지만 그 과정은 쉽지 않았다. 대의민주주의가 오늘날의 수준으로 발전하기 위해서는 많은 장애물을 넘고 기득권의 저항을 극복해야 했다. 19세기와 20세기에 결사와 언론의 자유와 같은 기본적 시민권, 모든 성인 남녀 시민이 대표 선출에 참여할 수 있는 보통·평등선거권 등 대의민주주의의 권리를 쟁취하기 위해 노동자, 농민, 여성, 대학생, 지식인, 종교적 그리고 종족적 소수파들이 투쟁했다.

미국의 정치사회학자 배링턴 무어가 상기시켰듯 영

국, 프랑스, 미국의 민주주의가 유혈적인 영국 청교도 혁명(1642~1651), 프랑스 대혁명(1789~1799), 미국 남북전쟁(1861~1865)을 통해서 이룩되었고, 이후에도 장기간에 걸친 시민권 확대 투쟁, 갈등과 타협, 경쟁과 합의의 과정을 통해 오늘날의 민주주의로 발전했다.

부르주아 시민의 공론장 탄생

자유민주주의는 18세기 경제적 신흥 지배계급으로 떠오른 부르주아지와 함께 발전했다. 이들은 부를 축적함에 따라 국가의 간섭과 개입으로부터 벗어나 생명, 재산, 자유와 같은 기본적 시민권이 보장된 사적 영역을 확보했다. 영국의 커피하우스, 프랑스의 살롱, 독일의 견본시(상품의 견본을 전시해서 판매를 촉진하는 시장)와 다과회 등이 그런 공간으로, 부르주아지들은 여기에서 언론, 출판, 집회의 자유를 이용해 문화적 토론을 하며 교양을 갖췄다.

　이렇게 먼저 사적 영역에서 기본적 권리를 확보한 부르주아지들은 한 발 더 나아가 정치 영역에서도 공론장을 확보하기 위해 투쟁에 나섰다. 부르주아지들은 정치적 문제에 관해 자유롭고 평등하게 토론을 하고, 정치 참여를 통해 국가에 압력을 가할 수 있는 공간을 열어줄 것을 정부에 요구했다. 부르주아 결사체들은 검열 저항운동, 언론 자유 운동 등을 통해 공론장의 제도화를 위한 투쟁을 벌였으나 정부는 공론장의 제도화를 저지하려 했다. 부르주아 공론장 획득 투쟁은 18세기 말에 정점에 달했고 1789년 프랑스 대혁명을 위한 공론 형성에 핵심 역할을 했다. 부르주아지는 공론장 형성을 통하여 사적 상인에서 공적 시민으로 재탄생하여 근대 부르주아 시민사회를 형성했고, 부르주아 시민사회는 18세기와 19세기의 시민혁명을 위한 공론을 형성하는 주체가 되었다.

노동자들의 기본적 시민권 확장

부르주아지들은 부르주아 공론장을 통해서 기본적 시민권을 확보하고 그 바탕 위에 정치적 시민권을 획득했다. 하지만 부르주아지들이 누린 기본적 시민권은 노동자와 농민을 비롯한 평민들에게는 주어지지 않았다.

　베버주의 정치사회학자 라인하르트 벤딕스에 따르면 18세기 말과 19세기에 전개된 평민들의 시민권 확보 투쟁은 두 가지 방향에서 전개되었다.

하나는 '결사의 권리' 확보다. 개인이 투표를 통해 공적인 영역에서의 재산권, 계약, 언론, 종교, 사상, 신념의 자유를 쟁취하는 '국민투표제적' 권리 투쟁이다. 다른 하나는 '회합의 권리'를 쟁취하는 싸움이다. 회합의 권리 투쟁은 노동조합, 길드, 직능조합, 농민조합, 프리메이슨 같은 직능단체, 종교결사체의 일원으로서 모임에 참여할 수 있는 권리를 쟁취하기 위한 투쟁이다. 유럽 노동자들은 먼저 결사의 권리를 쟁취한 뒤 노동조합을 만들어 모일 수 있는 권리를 얻는데, 이 과정이 덴마크는 49년, 영국은 76년, 프러시아는 124년이나 걸렸다.

'제한 투표권'의 폐지와 보통평등선거권의 확립

1789년 8월 프랑스 대혁명 이후 국민의회가 선포한 '인간과 시민의 권리 선언'은 민주주의의 기본 단위가 가계, 단체, 법인이 아니라 '일반 시민들'이라고 선언한 것이었다. 노동자, 농민, 하층민의 참정권 획득을 위한 투쟁은 이미 이때 시작되었다고 할 수 있다. 하지만 유럽 전역에서 성인의 보통평등선거권 확립은 제1차 세계대전이 끝난 뒤에나 비로소 가능했으니 100년이 훨씬 넘는 시간이 걸렸다. 기득권

세력이 여러 가지 제한선거권 제도를 적용해서 자신들이 누리고 있는 선거권이 하층 계급에게 주어지는 것을 지연시키고, 막았기 때문이다.

벤딕스는 선거 제한을 다섯 가지로 분류했다. 첫째, 가장 대표적인 선거제한으로 '납세자 투표권 제도regime censitaire'가 있었다. 재산세와 소득세를 내는 자본과 토지 소유주에게만 선거권을 주는 제도다. 둘째는 '신분 투표권 제도'로, 과거 삼부회를 구성했던 승려, 귀족, 부르주아지만 선거권을 갖는다. 셋째는 '능력자 투표권 제도'로 공식 교육을 받았거나 공직에 임명된 경험이 있는 이들에게만 선거권을 부여하고, 교육을 받지 못한 노동자와 농민들의 선거권을 제한한다. 넷째는 가정을 책임지고 있는 가장에게만 투표권을 주는 제도다. 다섯째, 자기 집을 소유해서 거주하고 있는 이들에게만 투표권을 부여하는 제도로 가부장적인 시골 명사들과 부르주아지에게 우선적으로 선거권이 주어졌다.

납세자 투표권 제도는 대의민주주의가 엘리트 중심에서 대중들에게까지 퍼지는 것을 방지하는 도구로 이용되었다. 정규직 임금노동자들에게 선거권이 확대한 뒤에도 유럽의 기득권은 납세자 투표권제도와 거주자 투표권제도를 결합해서 자기 집을 가진 부유한 노동계급과 가난한 프롤레타리아트, 이주민, 도시 빈민을 갈라치기해 분리지배하려 했다.

산업 자본주의가 발전하면서 납세자 투표권 제도가 지속되어야 하는가에 의문이 제기되었을 때 자유주의자와 보수주의자들은 서로 다른 입장을 보였다. 영국의 자유주의자들은 납세자 투표권제도를 지지하면서 투표권의 저소득층 확대를 반대했으나, 보수주의자들은 하층계급으로 투표권이 확대되는 것을 지지하는 역설을 보여주었다. 지방 유지인 보수주의자들이 교육 수준이 낮은 하층 계급은 판단 능력이 부족하기 때문에 지방 유지들이 결정한 대로 따라서 투표를 할 것이라고 기대했기 때문이다.

비밀투표권에 대해서도 노동자와 자유주의자들 사이에 의견이 갈렸다. 노동자정당은 개별 노동자들의 자유투표가 바람직하지 않다고 보았다. 노동자들은 개별 시민으로서 투표하는 것이 아니라 노동자 계급의 일원으로 노동조합과 정당의 계급이익을 대표하는 후보에 투표해야 한다며, 개별 노동자들이 계급의 이익에서 벗어난 투표를 하지 않도록 감시할 수 있는 공개투표를 요구했다.

반면 도시를 기반으로 하고 있던 자유주의자들은 도시의

익명적 프라이버시를 지키기 위해 비밀투표를 요구했다. 그러나 사실 자유주의자들이 비밀투표를 지지한 더 중요한 이유는 이를 통해 일반 노동자와 노동운동의 지도자들을 분리시켜 노동계급의 위협을 약화시키기 위해서였다.

'능력자 투표권제도'는 유권자가 투표권을 행사할 만큼 교육을 받았는가에 따라 투표권을 제한하거나 투표권을 여러 개 주는 제도다. 영국은 대학 졸업자와 기업 소유주에게 추가 투표권을 주었고 벨기에는 1893년 선거법에서 교육수준에 따라 복수의 투표권을 주었다.

능력자 투표권제도를 옹호한 대표적 인물은 존 스튜어트 밀이다. 밀은 기본적으로 모든 성인에게 투표권을 주는 보통선거권을 지지했지만, 열악한 상태에 있는 노동계급은 현명하게 투표권을 행사하는 것이 불가능하기 때문에 복수투표권으로 균형을 잡아주어야 한다고 주장했다. 노동계급이 수적인 힘을 빌려 다른 계급의 이익을 희생시키고 이기적인 계급입법을 추진할 것을 막기 위해서이기도 했다. 그래서 그는 지적 능력 순위에 따라 미숙련 노동자는 1표, 숙련 노동자는 2표, 공장장은 3표, 기업가와 상인은 4표, 교수·예술가·전문직업인은 5표를 행사해야 한다고 제안했다.

그러나 이런 제한 투표권 제도들은 제1차 세계대전이 끝난 1918년에서 1926년 사이에 전개된 제1차 민주화 물결로 폐지되고, 유럽 전역에서 보통평등선거권이 보편화되었다. 그리고 1945년 이후 제2차 민주화 물결로 탄생한 신생 민주주의 국가의 모든 시민들이 옛 제국주의 후견국가들로부터 보통평등선거권을 일거에 공짜 선물로 받게 되면서 보편적 참정권의 문제는 더 이상 민주주의의 중요한 과제가 되지 않았다.

2
민주주의의 승리와 역류

민주화 물결의 시작은 성인 남성의 보통평등선거가 치러진 1828년 미국 대통령 선거를 기점으로 삼는다. 그때부터 최근에 이르기까지 민주주의호는 네 차례에 걸쳐 민주화의 물결을 거스르려는 역류와 대전투를 치른다. 민주화 물결의 승리와 역류에 의한 패배가 엎치락뒤치락을 거듭했다. 이제 새뮤얼 헌팅턴이 저서 《제3의 물결》에서 시도한 시대적 구분에 따라 지난 200년에 가까운 시간 동안 벌어진 세 차례의 민주화세력과 반민주화세력 간의 일진일퇴를 살펴보고, 이후 다가온 제4의 물결로부터 현재까지 민주주의의 행로를 들여다보자.

제1차 민주화의 물결은 19세기 초반 토지귀족과 부르주아지에게만 제한적으로 주어졌던 선거권 제도를 폐지하고 '1인 1표'의 보통평등선거권을 획득하기 위한 노동자와 농민들의 선거권 확대 운동으로 시작되었다. 이같은 보편적인 참정권 획득 투쟁은 100년이 넘게 걸린 기나긴 참호전이었다. 부르주아지와 자유주의자들이 앞서 설명한 제한선거권 제도들을 통해 노동자의 참정권 확대를 막으려 했기 때문에 긴 진지전이 될 수밖에 없었던 것이다.

미국에서 시작된 대의민주주의는 전 유럽으로 확산되어 프랑스의 2월 혁명(1848)과 독일 통일(1871) 과정에서 선거권이 부분적으로 확장되었다. 특히 보통평등선거가 보편화하는 데에는 전쟁의 영향이 컸다. 독일 통일 전쟁이나 제1차 세계대전이 벌어지는 동안 지배 엘리트들이 노동자와 하층계급을 전쟁에 동원하기 위해서 "전쟁이 끝나면 민주적 시민권을 부여하겠다"고 약속한 계급 타협의 결과다. 그 덕에 전후 민주주의가 서구에서 확고한 지배원리로 자리잡게 되었다.

이미 20세기에 들어서기 전부터 영국, 프랑스, 스위스, 유럽의 소국들, 그리고 해외 영연방 국가들에서 시작한 민주화의 물결은 제1차 세계대전 직전 이탈리아와 아르헨티나까지 확산되었다. 이어 제1차 세계대전이 끝나며 독립한 아일랜드와 아이슬란드가 민주화했고, 러시아의 로마노프 제국, 합스부르크 제국, 프러시아의 호헨촐레른 제국 등도 민주주의를 도입함으로써 1926년에 1차 민주화의 물결이 사실상 완료되었다. 그 후 스페인과 칠레도 민주주의 국가군에 합류하는 등 100년에 걸쳐 30개가 넘는 나라에서 민주화가 일어났다.

그러나 반대 세력도 만만치 않았다. 영국의 자유주의자 T.B. 맥콜리는 1842년 행한 연설에서 "보통평등선거권은 재산권 제도의 종말을 가져오고 이는 문명의 종말을 의미한다"고 경고했고, 데이비드 리카르도는 "보통선거권은 사유재산권을 폐지하지 않겠다는 노동자들에게만 확대되어야 한다"고 주장했다.

그러나 이들의 우려는 현실로 나타나지 않았다. 영국의 차티스트 운동, 프랑스의 1848년 2월 혁명, 독일 비스마르크의 노동자 포섭정책으로 보통선거권이 확보되면서 노동계급 정당들이 의회에 진출해 바로 제1정당이 되었지만 노동자 정당에 의한 계급지배는 일어나지 않았다. 제2차 세계 대전 후 노동계급 정당은 정부가 시장에 적극 개입하는 케인스 식 복지국가 정책으로 중산층을 흡수하여 집권했으나, 사회주의로 이행하지 않고 사회민주주의 정당으로 변신해 계급 타협을 시도함으로써 자본주의와 민주주의가 행복하게 공존할 수 있다는 것을 증명했다.

100년이 넘게 진행된 제1차 민주화의 물결은 그 긴 시간만큼이나 크고 깊은 질곡과 장애물을 걷어내고 역사적 진보를 얻어냈다는 평가를 받는다.

제1차 민주화 역류(1922~1942년)

그러나 1차 민주화의 물결은 곧 전통적인 권위주의 체제로 복귀하거나 새로이 등장한 잔인한 전체주의 체제로 역류했다. 역류가 가장 먼저 일어난 나라는 이탈리아였다. 이탈리아의 무솔리니는 1922년에 로마로 진군해 연약한 민주정권을 전복시키고 파시스트 전체주의 체제를 수립했다. 이탈리아에 이어 리투아니아, 폴란드, 라트비아, 에스토니아의 신생 민주주의가 군부 쿠데타에 의해 전복되었다.

1933년에는 독일에서 히틀러가 나치 전체주의 체제를 세

웠으며, 이웃 오스트리아, 체코, 그리고 그리스 민주주의를 파괴했다. 1926년 포르투갈에서 군사 쿠데타로 수립된 살라자르 독재체제는 브라질과 아르헨티나에 쿠데타를 전염시켰고, 우루과이도 권위주의 체제로 퇴행했다. 1936년 프랑코 장군의 쿠데타로 스페인 내전이 일어났고, 그 결과 1939년에 스페인 공화국이 사망하고 프랑코의 전체주의 체제가 시작되었다. 1920년대에 등장한 일본의 다이쇼大正 민주주의는 1930년대에 군국주의 체제로 대체되었다.

안전한 민주주의 세계를 만들기 싸웠던 제1차 세계대전의 결과 제1차 민주화의 물결이 일어났지만, 1920년대에 민주화 물결에서 소외된 극우파와 극좌파 세력이 1930년대에 대공황으로 힘을 얻게 되자 민주화의 물결을 역류시키고 민주주의를 의도적으로 파괴한 것이다. 그 결과 제2차 세계대전 직전 세계에 살아남은 민주주의 국가는 12개국밖에 없었다.

제2차 민주화 물결(1943~1962년)

제2차 세계대전에서 민주국가들의 연합이 나치 독일, 파시스트 이탈리아, 그리고 군국주의 일본의 동맹을 물리치고 승리하면서 제2차 민주화 물결의 물꼬가 텄다. 하지만 연합국 중 영국과 프랑스와 같은 구 제국주의 열강들에게 전쟁에서의 승리란 상처뿐인 영광이었다.

"민주주의는 지금까지 시도되었던 다른 모든 정치체제를 제외하면 가장 나쁜 정치체제다"라는 영국 총리 윈스턴 처칠의 민주주의 평가에서 알 수 있듯, 제2차 세계대전 직후의 민주주의는 '최악의 정치체제 중 최선의 정치체제the best of the worst' 수준을 넘어서지 못하고 있었다. 영국과 프랑스 등의 승전국은 전후 세계 패권국가가 된 미국의 유럽 부흥 프로그램에 의존하는 허약한 국가로 전락했다. 미국은 패전국들과 신생 독립국들을 대거 '민주화시켜' 자국의 동맹국으로 만들었다. 새로운 경쟁자인 전체주의 소련과 중국의 공산주의에 대항하기 위해서였다.

미국은 우선 유럽의 서독, 이탈리아, 오스트리아와 일본과 같은 패전국들을 민주화시켰고, 전략적 요충지인 지중해의 터키와 그리스, 그리고 동아시아의 한국을 민주화시켜서 소련과 중국에 대항하는 민주주의의 전초지이자 쇼 윈도로 만들려고 했다.

또한 '미국의 안방'이라 할 남미를 지키기 위해 브라질, 코스타리카, 아르헨티나, 페루, 베네수엘라에 민주주의를 이식시켰고, 옛 유럽과 미국 식민지들이었던 제3세계의 파키스탄, 말레이시아, 인도, 스리랑카, 나이지리아, 이스라엘, 베트남 그리고 필리핀에 민주주의를 도입했다.

제2차 민주화 역류(1958~1975년)

제2차 민주화의 물결은 1960년대 초에 잠잠해지고 1950년대 말부터 군부와 민간 독재자에 의해 관료적 권위주의 bureaucratic authoritarian: BA 체제가 수립되면서 역류되었다. 관료적 권위주의란 거대 자본가를 기반으로 계획된 경제성장 정책을 추구하고, 사회 모든 문제를 기술적 합리성과 효율성의 관점에서 해결하는 반反민중적 체제다.

관료적 권위주의로의 전환은 특히 남미에서 극적으로 일어났다. 1962년 페루, 1964년 브라질과 볼리비아, 1966년 아르헨티나, 1972년 에콰도르, 1973년 우루과이와 칠레에서 연이은 군부 쿠데타로 민주주의가 전복되었다. 아시아에서는 1958년 파키스탄에서 계엄령 정권이 등장했고, 1965년 인도네시아의 군부가 민주주의를 종식시켰으며, 1972년 필리핀의 마르코스가 계엄령을 선포하여 문민독재를 실시했다. 지중해의 민주주의도 같은 운명을 걸었다. 그리스 민주주의는 1965년 친위 쿠데타와 1967년 군부 쿠데타로 전복되었다. 터키 군부는 1960년 문민정부를 전복시켰다가 1961년 형식적 민주주의를 복원시켰으나, 1980년에 전면적으로 정권을 장악했다.

한국에서는 1950년대에 이승만의 문민독재가 자유민주주의를 파괴하자 1960년 대학생들이 문민독재를 붕괴시키고 민주주의를 회복시킴으로써 기존의 '세계적 민주화의 역류'에서 한국을 '예외'로 만들었다. 하지만 4·19혁명에 의해 복원된 민주정부는 1961년 군부 쿠데타에 의해 전복됨으로써 한국도 제2차 민주화의 역류에 동참할 수밖에 없었다.

애당초 제2차 민주화 물결은 미국이라는 외부세력에 의해 '밖으로부터 심어진 민주화'라는 한계를 갖고 있었다. 그 한계는 서독, 이탈리아, 오스트리아 등 유럽의 제2차 세계대전 패전국들보다 아시아나 아프리카 등 제3세계의 옛 식민지 국가들과 남미에서 두드러지게 나타났다.

유럽 패전국들은 이미 19세기부터 민주주의 제도를 시행하고 정치문화를 내면화했던 경험을 갖고 있었기 때문에 전후 빠른 속도로 민주주의를 새롭게 발전시킬 수 있었다. 반면 아시아와 아프리카의 옛 식민지 국가들은 필리핀과 인도를 제외하고 민주주의를 경험한 적이 없었다. 이런 상태에서 미국에 의해 민주주의를 '공짜 선물'로 받았으니 자유민주주의 제도를 자체적으로 발전시키지 못했고, 민주화 이후 폭발적으로 늘어난 대중들의 정치참여 요구를 제도 내에서 수용할 수 없었다. 그러자 대중들은 자연히 '거리의 의회'를 열고 거리에서 집단행동을 통해 자신들의 요구를 관철하려 했다.

노동자들도 마찬가지였다. 100년 이상 노동조합과 노동자 계급정당을 조직하기 위해 싸우고 다른 정당들과 타협을 통해 자본주의의 계급갈등 문제를 해결한 유럽과 달리 제3세계 노동자들에게는 그 같은 경험을 쌓을 기회가 없었다. 보통평등 선거권과 노동자의 권리가 '공짜로' 주어지자 노동자들은 노동조합과 정당을 조직하여 자신의 이익을 실현할 필요를 느끼지 못했다. 자연히 노동자 계급정당이 자생적으로 조직되지 못하고, 권위주의 국가가 노동운동의 지도자들을 포섭해서 노동조합을 국가지배기구의 도구로 삼았다. 그 결과 노동자들의 이익은 대의기구인 조합과 정당을 통해 민주적으로 반영되지 못하고, 노동자들은 전투적인 파업을 하거나 거리에서 연좌농성을 벌이는 식의 과격한 노동운동을 벌이며 신생 민주주의를 마비시켰다.

이렇게 대중들이 거리로 나서고 정치가 통치불능 상태에 빠지자 조직화된 무력을 갖고 있던 군부집단이 "혼란스러운 사회의 질서를 회복하고 외부로부터 국가를 수호하겠다"는 명분하에 쿠데타를 일으켜 군부정권을 수립함으로써 신생 민주주의들을 붕괴시켰다.

제3차 민주화 물결(1974~2011년)

헌팅턴이 '제3차 민주화의 물결'이라 부른 민주화 운동은 1974년 4월 포르투갈에서 시작되었다. 제2차 세계대전 이후 마지막으로 남은 포르투갈 식민지인 앙골라에서 귀환한 군인들이 포르투갈을 지배하던 권위주의적 '신국가Estado Novo' 정권을 전복하면서다. 리스본 시민들이 독재정권에 맞선 군인들의 철모에 카네이션을 꽂아주며 축복해 주었기 때문에 포르투갈의 민주화는 '카네이션 혁명'이라고 불리게 되었다. 뒤이어 1974년 11월 그리스의 군사 독재자들이 투옥되고, 1975년 11월 독재자 프랑코 사후 스페인까지 민주화하면서 지중해의 민주화가 완성되었다.

지중해의 민주화 물결은 남미로 건너가서 1978년 에콰도르, 1979년 페루, 1982년 볼리비아의 군부 권위주의를 차례로 무너뜨렸다. 1983년 '포클랜드 전쟁'이라고도 알려진 말비나스 전쟁에서 영국에 패배한 아르헨티나 군부는 자발적으로 선거를 실시해서 민간정부에 권력을 이양했고, 우루과이에서는 군부와 민간지도자들이 타협하여 선거를 치러 1984년 11월 문민정부가 탄생했다. 우루과이에서 민주화가 일어나고 두 달 뒤인 1985년 1월 브라질에서는 1974년 이래 지속된 긴 자유화 끝에 선거를 통해서 문민 대통령인 사르네이를 선출함으로써 민주주의로의 전환을 완성했다.

남미의 민주화 물결은 아시아로도 밀려들어 1986년 2월 필리핀의 '국민의 힘People Power'이 독재자 마르코스를 축출함으로써 민주화가 일어났다. 한국에서는 대학생들과 중산층 넥타이부대 화이트칼라가 1987년 6월 민주화 항쟁을 일으켜 1987년 6월 29일 군부로부터 민주화 양보를 받아냈고, 그해 12월에 직선제 대통령 선거, 다음해 4월에 국회의원 총선거를 치름으로써 민주주의로의 전환을 이룩했다. 경제적으로는 성공했으나 민주주의를 억압했던 군부 권위주의를 민중의 힘으로 민주화시켰으니, 이는 동아시아 최초로 자생적이며 평화적인 민주화를 이룩한 사례였다. 한국의 민주화로 제3의 민주화 물결은 전반기를 마감했다. 포르투갈에서 민주화가 시작된 1974년에서 한국에서 민주화가 완료된 1989년까지 30개 나라에서 민주화가 일어났다.

한국의 민주화는 타이완을 자극했다. 타이완은 장징궈蔣經國 총통이 통제된 자유화를 추진했으나 여전히 '강인정치強人政治'라는 권위적이고 억압적인 일당독재체제 하에 있었다. 그러나 1979년 세계 인권선언일인 12월 10일 대규모 반정부 시위인 '메이리다오美麗島' 사건이 일어나고, 이후 7년이 지나서 민진당이라는 수권 야당이 1986년에 조직되는 등 변화의 조짐이 보였다. 1988년 장징궈의 후계자인 리덩후이李登輝 총통 역시 장징궈처럼 위로부터의 점진적 민주화를 추진했으나, 1987년의 한국 민주화에 자극을 받은 타이완 시민들이 총통 직선제를 요구하는 아래로부터의 민주화 운동을 가속화했다. 결국 1996년 3월 리덩후이가 직선제로 총통에 선출됨으로써 타이완 역시 민주주의로의 전환이 완성되었다.

제3의 민주화 물결 후반기는 베를린 장벽의 붕괴와 동구 사회주의의 몰락으로 시작되었다. 동구에서는 '국민국가들

의 가을Autumn of Nations(유럽의 1848년 혁명은 Spring of Nations,
즉 '국민국가들의 봄'이라고 불림)'로 일컬어지는 '1989년 혁명'이
일어나 동구 사회주의 국가들이 도미노처럼 쓰러지고 민주
화되었다. 혁명은 1989년 6월 폴란드에서 '자유노조'라는
이름으로 널리 알려진 '독립자유노동조합연대'가 선거에 승
리해 공산정권을 평화적으로 무너뜨리면서 시작되었다.

이후 민주화는 연쇄적으로 일어났다. 폴란드의 민주화는
이웃 헝가리로 번져 공산정권의 힘을 무력화했다. 동독 사
회가 흔들리면서 많은 동독 주민들이 자유를 찾아 국경을
넘어 헝가리로 탈출했는데, 헝가리 공산정권은 자국으로 들
어오는 동독 주민들을 막을 힘이 없었다. 동독 역시 자국민
들이 헝가리로 많이 넘어갈수록 더욱 정권이 불안정해졌고,
결국 동서를 가르던 베를린 장벽이 무너지고 공산당 정권
이 붕괴해 독일 재통일의 계기가 만들어졌다. 이렇게 폴란
드의 민주화는 헝가리, 동독, 불가리아, 루마니아, 체코슬로
바키아의 공산당 정권을 연쇄적으로 붕괴시켰다. 이들 사회
주의 정권들은 외부세력의 압력에 의해서가 아니라 자체적
으로 무너졌고, 피를 흘리지 않은 채 평화적으로 민주화되
었다.

폴란드, 헝가리, 체코, 슬로바키아와 슬로베니아, 에스토니아, 라트비아, 리투아니아, 불가리아, 크로아티아 등 사회주의에서 전환한 신생 민주주의 국가들은 유럽연합EU과 북대서양조약기구NATO에 가입해 서구의 선진 민주주의 국가들로부터 자유민주주의와 경제적 번영을 위한 지원을 받으면서 민주주의를 빠른 시간에 공고화했다.

동구 사회주의 국가들의 민주화는 소련으로 번져서 1991년 소비에트 연방이 해체되고 14개국이 독립했다. 소련은 러시아연방으로 축소되었고 옐친이 직선 대통령으로 선출됨으로써 러시아연방도 민주화되었다. 소련으로부터 독립한 11개 독립국가연합CIS 역시 대부분 민주주의를 채택했고, 1992년 마지막으로 알바니아와 유고슬라비아 연방까지 공산주의를 폐지했다. 유고슬라비아 연방은 세르비아, 몬테네그로, 보스니아 헤르체코비나, 크로아티아, 마케도니아, 슬로베니아, 코소보로 분리되었는데, 그 과정에서 종족 간 혹은 종교적 분쟁으로 많은 피를 흘렸다. 반면 체코슬로바키아는 체코와 슬로바키아로 평화롭게 '합의이혼'해서 각각 자유와 번영이 넘치는 민주주의를 발전시키고 있다.

유럽 외 다른 지역의 사회주의 국가들도 무너지기 시작

했다. 캄푸치아 인민공화국, 에티오피아, 남예멘이 공산주의를 버렸고, 몽골에서 공산주의 일당독재가 붕괴하고 민주화가 일어났다. 사회주의 국가뿐만이 아니다. 1989년 혁명의 도미노 효과는 비사회주의 권위주의 정권도 붕괴시켰다. 1994년 남아프리카에서 아파르트헤이트 백인 인종차별 정권이 무너지고 만델라가 이끄는 민주정부로 평화적인 정권교체가 일어났으며, 1989년 칠레 시민들은 민주적으로 선출된 아옌데 대통령을 축출하고 정권을 잡았던 군부 독재자 피노체트의 장기 철권통치를 끝장내고 민주정부를 세웠다.

제3의 민주화 물결 후반기에 이렇게 36개국이 민주국가로 재탄생함으로써 민주주의는 최종적 승리를 거뒀고 지구촌의 보편적인 정치체제가 되었다. 세계의 민주주의 확산과 인권을 위해 국제 언론 감시활동을 펼치고 있는 인권단체 프리덤 하우스는 1996년에 전 세계 191개국 중에서 117개국이 민주주의 국가라고 발표했다.

3차 민주화 물결의 특징은 민주화된 나라의 숫자도 많고 전 세계적으로 진행된 현상일 뿐 아니라, 1차와 2차 민주화 물결과는 달리 권위주의 독재로 역류하는 일이 없었다는 사실이다. 또한 한 나라의 민주화가 인접 국가를 전염시키는 효과를 통해 눈덩이처럼 불어난 점도 주목할 만하다.

제4차 민주화 물결(2011~2014년)

제3차 민주화의 물결 이후 민주주의호는 반민주주의 세력에 의한 역류를 맞지 않은 채 순항하다 제4차 민주화의 물결에 올라탄다. 제4차 민주화의 물결은 북아프리카의 튀니지에서 시작되었다. 2010년 12월 튀니지의 소도시 부지드에서 분신 자살 사건이 벌어진다. 청년 노점상이었던 26세 청년 부아지지가 경찰 단속으로 과일과 노점 설비를 모두 빼앗기자 이에 항의하기 위해 스스로의 몸에 불을 붙여 숨진 것이다.

이 사건은 격렬한 반정부폭력 시위를 불러 일으켰고, 온라인 SNS를 통해 튀니지 국화인 재스민의 향기처럼 번졌다. 결국 튀니지 국민들의 시위는 2011년 1월 14일 벤 알리 대통령의 장기독재를 종식시켰으니 이것이 '재스민 혁명'이다. 튀니지에서 시작된 재스민 혁명은 이집트를 비롯해서 리비아, 모로코 등 북아프리카와 중동의 18개 이슬람 국가로 퍼져나갔고 그 결과 민주화의 무풍지대였던 아랍에도 마침내 봄이 왔다.

그때까지 대부분 아랍 국가는 신가산제新家産制 국가였다. 가산제란 군주가 국가를 자신의 사적인 재산처럼 취급하며 가부장적으로 권력을 휘두르는 독재국가 체제다. 이들 나라는 제3차 민주화 물결이 전 세계를 휩쓸 때도 끄덕 않고 정권을 유지했으며, 미국 대통령 조지 부시가 이라크 침공의 명분으로 중동 민주화 프로젝트를 시도했을 때도 민주화가 성공하지 못했다. 그런데 튀니지 혁명에서 드러난 민중들의 의지, 즉 '아랍인들의 분노'가 이런 중동과 북아프리카에 비로소 민주화의 바람을 불어넣은 것이다.

시민들은 가장 탈脫근대적이고 신 유목적인 매체, 즉 소셜 미디어를 이용해서 싸웠다. 페이스북, 트위터, 위키리크스를 이용해서 온라인과 오프라인이 결합된 시위를 조직해 난공불락 같던 아랍의 독재정권들을 몰아내거나 내전을 벌여 민주화 개혁을 하도록 압박했다. 리비아의 카다피, 이집트의 무바라크, 예멘의 살레와 같은 독재자들이 폭력적 봉기와 내전으로 권좌에서 물러났고, 모로코, 이라크, 알제리, 레바논, 요르단, 쿠웨이트, 오만과 수단에서도 시위의 물결이 일어났다.

제4차 민주화 역류(2012년~현재)

그러나 '아랍의 봄'은 짧았다. 중동과 북아프리카에서 민주화가 일어난 후 얼마 되지 않아서 봄은 끝나고 '아랍의 겨울'이 왔다. 튀니지, 모로코, 페르시아만 국가들은 민주화와 사회적 안정을 동시에 달성했으나, 다른 나라의 신생 민주주의는 불안정했다. 이집트는 공정한 선거를 통해 민주정부를 구성했지만 곧 정치적 혼란에 빠졌고, 리비아는 독재자 카다피를 몰아냈으나 곧 카다피 친위세력과 민주화 세력 간에 내전이 벌어졌으며 시리아와 예멘에서는 민중봉기가 유혈적인 내전으로 바뀌었다.

시리아, 이라크, 리비아, 예멘에서는 이슬람 근본주의자들이 근대적이고 세속적인 민주국가 건설을 무력으로 저지했다. 이슬람 근본주의 국가를 무력으로 건설하려는 '이슬람국가Islamic State, IS.'가 지금까지도 테러와 무장폭동을 일으키고 있고, 북아프리카의 수단과 알제리에서는 군부지배가 부활하고 있다. 아랍 민주주의의 경우, 기득권 엘리트를 민주적 혁명으로 몰아내고 나면 폭력과 억압을 수반하는 반혁명이 뒤를 잇는 식의 혁명과 반혁명의 악순환을 반복하고 있다.

그렇다면 제4차 민주화 과정에서 '아랍의 봄'이 '아랍의 겨울'로 역류하게 된 이유는 무엇일까. 첫째, 유럽의 신생 민주주의 국가들이 EU와 NATO와 같은 기구와 조직으로부터 도움을 받아 민주화를 빠르게 정착시킬 수 있었던 데 비해 중동과 북아프리카에는 '이웃 효과'를 볼 수 있는 지역 조직과 기구가 없었다. 물론 이 지역에도 아랍국가연맹과 아프리카연합 같은 기구가 있었으나 EU와 NATO에 비해 신생 민주주의를 보호하고 공고화할 수 있는 물질적 자원과 정치적 단결이 턱없이 부족했다.

둘째, 중동과 북아프리카 민주화의 특징은 이전의 세 차례 민주화 물결과는 달리 소셜 미디어를 활용한 민주화 물결이라는 점이다. 아랍의 민주화운동가들은 온라인 소통기구를 활용해 오프라인 광장에서 시위, 봉기, 내란을 조직했다. 그러나 온라인 소통기구에 의한 선동은 민중의 분노를 동원하는 데는 유리하게 작용했으나, 디지털 포퓰리즘이 번성하고 전통적인 정당, 결사체, 사회운동의 발전을 가로막는 부작용이 있었다. 소셜 미디어를 통한 민주화의 한계에 대해서는 다음 장에서 더 자세히 살펴보도록 한다.

Good
morning
Good
night

4
장

'현존' 민주주의의
후퇴와 위기

아담 쉐보르스키 교수는 2019년에 펴낸 저서 《민주주의의 위기들》에서 현존하는 민주주의가 처한 위기를 진단했다. 민주적 제도와 규범이 점차 침식되고 있고, 겉으로는 민주주의에 친화적인 체제 같지만 실상은 법적 장치를 반민주적인 목적으로 사용하는 정권들이 출몰하고 있다는 것이다. 21세기 들어 민주주의에 이같은 위기가 찾아오게 된 데는 신자유주의적 세계화의 영향이 크다. 선진 산업국가와 개발도상국을 막론하고 사회적, 경제적 불평등과 양극화가 심화되고 젠더 불평등과 인종주의, 종족적 그리고 종교적 갈등이 격화되면서 선진 민주주의 국가와 신흥 민주주의 국가 모두 위기를 맞고 있다.

1
선진 민주주의의 후퇴와 위기

1789년 제임스 매디슨을 비롯한 미국의 헌법제정자들은 대의민주주의가 오늘날 '포퓰리즘'이라고 불리는 민중주의 독재에 빠지지 않게끔 대의민주주의를 보호하는 권력분립, 견제와 균형, 연방주의, 법의 지배, 권리장전과 같은 제도적 장치를 마련했다. 하지만 오늘날 미국을 비롯한 일부 선진 민주주의 국가들은 양극화와 포퓰리즘이 너무 깊어져 이같은 보호 장치로는 후퇴하는 민주주의를 다시 정상으로 되돌려 놓을 수 없는, '비정상적 상황이 정상이 되는' 뉴 노멀 민주주의 시대에 접어들었다.

'현존' 민주정부는 무능하다. 경제성장의 불꽃을 다시금 점화하고, 불평등을 감소시키고, 인종과 종족에 따른 분리

와 차별을 철폐하고, 좋은 일자리를 창출하여 심화된 사회
적 양극화문제를 풀 수 있는 능력이 없다. 대의 정부의 역량
이 약화되면 대중들은 민주적으로 구성된 정부에 대해 의
심하게 되며, 이 틈을 타서 극단주의 정치가 고개를 들게 마
련이다. 사회적 양극화와 경제적 불평등이 악화되면서 선진
민주주의 국가에서조차 자국민의 이익만 우선하는 토착주
의와 인종차별주의 등 극단적 정치 성향이 등장하고 있다.

스텔스적 민주주의의 위기

현재 선진 민주주의가 겪고 있는 위기가 특히 위험한 것은
민주주의 제도에 대한 공격이 직접적으로 이루어지지 않고,
보이지 않게 서서히 민주주의의 가치와 신뢰를 갉아먹는
식으로 이뤄지고 있다는 점에서다. 레이다에 걸리지 않고
적진에 몰래 침투하는 것 같은 '스텔스적 민주주의의 위기'
다. 2016년 영국이 EU에서 탈퇴한 브렉시트, 미국에서 트
럼프 대통령이 보여준 포퓰리즘이 그 예다.

영국과 미국은 현재 백인 육체 노동자의 반란, 포퓰리즘,
종교적 그리고 종족적 근본주의, 자국민 우선주의, 고립주
의와 보호주의 등의 모습을 보여주고 있는데, 이는 최근 들

어 갑자기 나타난 현상이 아니라 1980년대의 대처 총리와 레이건 대통령 시대로부터 시작된 신보수주의가 몰래, 그리고 장기적으로 축적된 결과물이다. 레이건과 대처의 반노동 정책으로 미국과 영국의 노조원 숫자는 급감하고, 임금은 정체되었다. 반면에 민영화, 탈규제, 부자들에 대한 세금감면 혜택으로 사회적이며, 경제적인 불평등이 늘어났다.

미국과 영국의 신보수주의 혁명은 제2차 세계대전 이후 형성된 안정된 복지국가의 모습을 무너뜨렸다. 그간 서구 사회에서는 노동자들에게 비교적 튼튼한 사회적 안전망을 제공했다. 노동자들이 실업, 부상 등으로 노동을 계속 하기 어려운 상태가 되었을 때 생계를 보장해주고 일자리를 주선했다. 기업의 생산성과 노동자의 임금 상승을 동시에 추구할 수 있는 온건한 세금인상을 주 내용으로 사회적 타협을 이뤘고, 그리하여 민주주의와 자본주의의 공존과 공영이 가능했다.

그런데 신보수주의자들이 여기에 반기를 들고 나섰다. 사회적 소수자와 해외로부터 이주해온 이들에게 혜택을 주는 사회보장 프로그램을 공격하고, 자국민 위주의 보수적인 정책을 지지하면서 사회적 양극화와 분열을 부추김으로써 경제적인 정체까지 불러왔다. 타협과 합의의 정치가 무너졌고, 정부의 실패가 주기적으로 반복해 드러났다. 2008년 세계화의 심장부인 월스트리트에서 일어난 글로벌 금융위기는 신자유주의적 세계화가 더 이상 지속가능하지 않다는 것을 보여준 사건이다.

빈 껍데기가 된 정당 정치

정당 정치가 무력화된 것도 선진 민주주의에서 나타난 위기 중 하나다. 민주주의에서 국민들의 의사를 대신하여 표출하는 실제적 주체는 정당이다. 정당 민주주의에서는 정당이 현재 사회에 존재하는 갈등이 어떤 것인지 유권자들에게 전달하고, 유권자들은 선거에 참여해서 자신의 의사를 반영한 정당을 뽑아 정당이 갈등을 처리하게 한다.

　그런데 지금 선진 민주주의 사회에서는 이러한 정당의 대의 기능이 약화되는 현상이 나타나고 있다. 정당과 당원 간의 일체감이 약화되어 정당이 자신의 지지자들을 통제할 수 있는 능력이 줄어들고, 유권자들 역시 정당을 통해 자신의 이익을 추구하려는 동기가 약해지고 있다. 그 결과 선거 참여율이 떨어지고 변덕스러운 선거 결과가 나오며, 의회에

PARTY's OVER
정당의 파티는 끝났다.

비해 행정부 권력이 지나치게 비대해지는 현상이 이어진다. 기존 정당은 지속적으로 뼈대만 남고 내용은 없는 빈 껍데기가 되는 '형해화' 현상이 나타나는 등 정당정치는 쇠락하고 있다. 심지어 〈이코노미스트〉지는 2008년 판에서 "정당의 파티는 끝났다Party's over"고 선언하기도 했다.

한편 사회경제적 양극화로 반체제 감정이 늘어나면서 전통적인 좌우 중도정당에 대한 지지가 줄어들고 극우 또는 극좌 정당에 대한 지지가 늘어나고 있다, 그 결과 50%에 못 미치는 득표로 당선된 소수파 대통령 정부와 여당과 다른 정당들의 의원까지 다수 포함해 구성한 연합정부가 여러 나라에서 자주 출현하고 있는데, 이런 연합정부는 수명이 대개 짧고 따라서 정치 불안정은 커지고 있다.

정당이 다양한 시민들의 이익을 제대로 모아내고 대표하지 못하는 빈 껍데기가 되면서 선거를 통해 권력을 위임받은 대표들이 '전문성'을 기반으로 임명된 관료들에게 권한과 책임을 다시 이중적으로 위임하는 현상이 나타나고 있다. 이런 전문 관료들은 그리스 로마 시대에 행정과 군사의 최고 권력을 지녔던 '집정관'과 같은 역할을 한다는 뜻에서 '집정관 관료'라 할 수 있다.

집정관 관료의 '능력주의 지배'는 국가규제위원회, 반독점규제기구, 금융감독기구, 공무원관리위원회 그리고 국방참모부 등에서 발견된다. 전문성이 요구되는 논쟁적이고 복잡한 문제를 다루는 기구들이다. 이들 문제를 해결하기 위해 정책을 결정하고 집행하는 역할이 국민에 의해 선출된 대표가 아니라 임명직 전문가에게로 넘어가면서 각종 부작용이 나타나고 있다. 전문직 관료와 특정 정책에 이해관계가 있는 이들이 결탁해서 민주주의 국가의 주권자인 시민의 권력을 약화시키고, 국민에 의해서 선출된 대표들이 시행하려는 개혁에 저항하거나 사보타주하는 사례 등이 그것이다.

정치의 언론화

미디어는 정치적 정보를 사실에 기초해 정확하게 전달해야 한다. 미디어가 자의적으로 정치적 의제를 설정하고 국민이 선출한 대표들의 대의 권력을 빼앗아간다면 대의민주주의는 뒷걸음질 칠 수밖에 없다. 현존 민주주의가 부닥친 상황이 그러하다. 미디어의 힘이 전통적 언론 매체인 공영방송에서 민간 방송과 케이블TV 등으로 옮겨가고, 이들 매체가 보수정치세력에 우호적인 편파적 방송을 통해 정치적 정보를 왜곡시키면서 민주주의가 후퇴하고 있다.

정당이 선거와 대의 기능을 제대로 수행하지 못할 때, 언론은 대표자 선출에 결정적인 영향을 미친다. 정당과 정치인이 홍보와 공보의 도구로 이용해야 할 언론이 직접 정치에 개입함으로써 역할이 거꾸로 뒤바뀐 채 선거와 정당을 움직이는 '집정관' 역할을 하게 되는 것이다. 언론이 정치를 지배하는 '정치의 언론화' 혹은 '언론의 정치화'다.

이렇게 언론이 정치 기능을 하게 되면 시민의 집단적 의사는 왜곡되기 십상이다. TV나 라디오, 신문과 같은 전통적 미디어가 갈수록 정치화하는 것과 함께 뉴 미디어의 주역으로 떠오르고 있는 1인 방송 팟캐스트와 유튜브도 힘을 불리고 있다. 정보통신혁명으로 탄생한 뉴 미디어는 많은 긍정적 기능을 하고 있음에도 불구하고 왜곡된 정보를 공급하는 주요 통로가 되어 민주주의의 위기 상승을 부채질하고 있다. 뉴 미디어는 방송 내용을 규제하는 법과 제도의 제약에서 벗어나 있다는 이 점을 이용해 가짜뉴스, 비방, 음해, 편파 방송을 일삼으며 선동정치가와 극단적 정치세력의 온상이 되고 있는 것이다.

포퓰리즘의 번성

한편 정당과 의회의 역할이 약화되고 행정부의 권력이 상대적으로 강해지면서 대중의 인기에 영합하려는 포퓰리즘 정치가 번성하고 있다. 포퓰리즘은 집권자가 의회와 시민결사체 같이 국민들의 뜻을 취합해서 대변하는 중간매개 집단과 소통하고 심의하는 과정을 건너뛴 채, 대중들에게 직접 호소하거나 선동하고 거래를 하고자 하는 통치 형태다. 포퓰리스트 집권자는 '인민들의 모든 뜻을 대의하겠다'는 포괄적 구호와 정책을 내걸고 정권을 장악한 뒤 국민의 뜻을 중간에서 매개할 수 있는 의회와 각종 결사체를 무력화해서 자신의 권력을 강화한다.

포퓰리즘 사회에서는 서로 정치적 입장이 다른 파당 간에 분열이 심해지고 심지어 유혈적 대결까지 일어나 나라가 사실상의 내란 또는 내전상태가 될 수도 있다. 선진 민주주의라고 불리는 미국에서도 현재 그런 현상이 보이고 있다. 우익 기독교, 백인 인종주의자와 남성우월주의자와 같은 극우 포퓰리스트들이 해외 이주민이나 비기독교인, 여성 등 때문에 자신들이 경제침체기에 손해를 입었다고 분개하며 온라인 소통공간에서 막말을 퍼붓고 있다. 그리고 이런 보수주의자들의 분노를 이용해 정권을 잡은 것이 트럼프 대통령이었다. 트럼프주의자들은 기독교의 낙태 반대, 기득권자들의 총기소유권을 지지하며 보수 우파의 세력을 결집하고 있다.

한편 트럼프주의는 우파뿐 아니라 좌파 포퓰리즘의 성격도 동시에 갖고 있다. 트럼프는 한때 미국 제조업의 중심지로 호황을 누렸으나 제조업이 내리막길을 걸으며 결정적 타격을 입은 '러스트 벨트' 지역 노동자들에게 "미국의 노동시장을 보호하겠다"며 호소했다. 그런 점에서 트럼프주의는 좌파와 우파를 동시에 선동하는 '하이브리드(혼합) 포퓰리즘'이라 할 수 있다.

2
신흥 민주주의의 후퇴와 위기

한편 신흥 민주주의 국가들도 선진 민주주의와 같은 위기에 부딪쳤다. 신흥 민주주의 국가들의 위기는 선진 민주주의와 공통된 원인에서 비롯된 것이 있는 한편 신흥국만의 특수한 상황에서 빚어진 것도 있다. 아담 쉐보르스키는 민주주의가 지속가능하려면 1인당 GDP 6,000달러에서 8,000달러 사이의 경제력을 유지해야 한다고 말했고, 헌팅턴은 민주주의가 확실히 뿌리 내리려면 '두 차례의 정권교체'라는 테스트를 통과해야 한다고 주장했다. 그런데 현재 위기를 맞고 있는 대부분의 신흥 민주주의 국가들은 이 두 가지 조건을 충족한 나라들이다. 그럼에도 불구하고 이들 나라가 위기를 겪고 있는 것은 어째서이며, 이들 사회의 위기는 어떤 모습으로 나타나고 있는가.

스트롱맨의 귀환

신흥 민주주의 국가에 위기가 나타나고 있다는 증거는 네 차례의 민주화 물결로 사라졌던 강한 권위주의 성향의 지도자, 즉 '스트롱맨strong man'이 다시 등장하고 있다는 사실이다. 인도, 터키, 브라질은 두 차례 이상의 선거를 통한 정권교체 테스트를 통과했음에도 불구하고 인도의 나렌드라 모디, 터키의 에르도안, 브라질의 보우소나루 같은 스트롱맨의 정치가 부활하는 것을 막지 못했다.

인도의 1인당 GDP는 쉐보르스키가 제시한 최소의 경제력인 6,000달러에 훨씬 못 미치는 2,000달러지만, 70년간 민주주의를 실행해 온 지속성과 내구성을 자랑했다. 하지만 2019년 힌두 근본주의자의 성격이 강한 모디 총리가 연임에 성공하면서 인도의 민주주의는 후퇴하는 경향을 보이고 있다. 중국은 비민주적 사회주의 국가임에도 불구하고 최근 20년간 상대적 자유를 누렸는데, 이 역시 스트롱맨 시진핑의 일인 장기 통치시대에 들어가면서 주춤해지고 있다. 그 외 신흥 민주주의 국가들 중 스트롱맨이 장기집권하면서 민주주의를 침식시키고 있는 나라로는 오르반 빅토르의 헝가리, 차베스와 마두로의 베네수엘라, 카리모프의 우즈베키스탄, 그리고 야누코비치의 우크라이나가 있다.

스트롱맨들은 갖가지 방법으로 민주주의적인 가치와 질서를 훼손한다. 헌법을 뜯어고쳐 사법부를 협박하고, 의회를 법률을 제정하는 기관이 아니라 그저 행정부가 만들어 준 법을 '통과시키는' 기관에 불과한 '통법부通法部'로 만들어 버림으로써 권력분립 원칙을 무너뜨린다. 또한 공공 미디어를 협박해 정부의 규제위원회 통제 아래 두고, 공공 관료들로 하여금 정권의 당파적 이익을 위해 일하게 하며 자신들에게 유리한 법만을 선택적으로 집행한다.

신흥 민주주의 국가의 스트롱맨들 역시 선진 민주주의 사회와 마찬가지로 스텔스 방식으로 민주주의의 기반을 무너뜨린다. 민주주의 제도들을 한꺼번에 치명적으로 파괴하지 않고 '합법적으로' 하나씩 하나씩 벗겨내는 방식이다. 그래서 많은 사람들은 신흥 민주주의가 허물어지기 시작한 전환점을 눈치채지 못한다.

신흥 민주주의 국가에서 나타나는 위기의 징조 역시 선진
국의 그것과 마찬가지로 포퓰리즘 정치의 특성을 보여준다.
선진 민주주의 국가에서는 민주주의 기본 체제를 지키는
가운데 포퓰리즘 현상이 나타나지만, 신흥 민주주의 국가에
서의 포퓰리즘은 스트롱맨이 민주주의의 절차적 정당성에
기초하여 통치하지 않고 자신을 지지하는 대중들에게 물질
적 또는 정치적 혜택과 이득을 나누어 줌으로써 권력을 유
지하려 한다. 아르헨티나, 페루, 브라질과 같은 남미의 포퓰
리즘 정권은 흔히 군부의 지지에 의해 유지되었으나, 대중
들에게 물질적 혜택을 제대로 분배하지 못하거나 집권자가
후계자에게 권력을 물려주는 제도를 확보하지 못했을 때
붕괴하곤 했다.

　미국의 트럼프주의가 좌파와 우파 모두의 표를 끌어 모
으려 하는 것처럼 신흥 민주주의의 포퓰리즘 역시 특정 이
데올로기에 국한되지 않고 좌파와 우파 양쪽에서 나타난다.
경제가 발전하면 기존 하층계급 집단이 점차 물질적인 부
를 쌓고 경제적으로 안정되는데, 베네수엘라의 차베스와 같
은 스트롱맨이 새롭게 떠오르는 이들 하층계급에 호소해서

지지를 얻는 경우가 '좌파 포퓰리즘'이다. 신흥 하층집단이 경제적으로 부상하고 있는데도 불구하고 기득권을 쥐고 있는 전통 엘리트 집단이 그들을 문화적으로 멸시하고 정치에서 배제시키려고 할 때 스트롱맨이 나타나서 하층민들에게 "당신들의 수호자가 되어 권력을 나누어 주겠다"라고 약속하며 권력을 장악하는 것이다.

반면 우파 포퓰리즘은 기득권 엘리트 집단의 지지를 받는 포퓰리즘이다. 신흥 부자가 된 하층계급이 정치적으로 부상하고 새로운 지배층이 되면 기존의 엘리트 집단은 자신들이 누리던 기득권을 잃은 데 대해 분개한다. 이때 엘리트들은 민족주의, 외국인 혐오주의, 토착 종족주의, 인종주의, 종교적 근본주의를 외치는 스트롱맨을 불러들여 자신들의 지배력을 회복하고 과거의 영광을 되찾으려 시도한다. 이것이 우파 포퓰리즘으로, 현재 신흥 민주주의 국가에서는 헝가리의 빅토르 오르반, 터키의 에르도안과 같은 스트롱맨이 지배하는 우파 포퓰리즘이 민주주의의 퇴행을 주도하고 있다.

신흥 민주주의 사회에서 우파 포퓰리즘에 가장 전염되기 쉬운 취약 계층은 중산층이다. 사회가 양극화되면 엘리트 집단보다 먼저 피해를 입는 것이 중산층이기 때문이다. 이들은 자신들이 신흥 하층계급 때문에 경제적 손해를 보고 강제로 신분이 끌어 내려졌다는 피해의식을 갖고 있기에, 우파 포퓰리즘에 동참해서 과거의 지위와 권력을 되찾으려 한다. 그 결과 아리스토텔레스 시대 이래로 민주주의의 기반이자 민주화를 이끌어가는 세력으로 여겨져 왔던 중산층이 이제는 민주화를 방해하는 장애물이 되어 민주주의의 후퇴를 주도하고 있다.

민주주의의 혁신

지금 전 세계적으로 일어나고 있는 민주주의의 퇴행은 230년간 지속되어온 대의민주주의의 심한 피로현상에서 비롯되고 있다. 민주주의가 더 이상 후퇴하지 않고 전진하기 위해서는 끊임없는 정치제도의 혁신과 재창조가 있어야 한다. 이는 새로운 민주주의의 청사진을 그리는 데서 시작되어야 한다.

1
민주주의 4.0

헤테라키 민주주의

이 장에서는 민주주의의 새로운 버전인 '민주주의 4.0'을 살펴본다. 민주주의 4.0의 핵심은 새롭게 떠오르는 소셜 미디어 민주주의와 대의민주주의를 결합한 '헤테라키 민주주의'라고 할 수 있다. 우선 현재 대의민주주의가 겪고 있는 피로현상과 소셜 미디어 민주주의의 한계를 각각 분석한 뒤 이를 혼합해서 상호 보완한 새로운 형태의 민주주의의 탄생 가능성을 점쳐본다.

대의민주주의의 제도적 피로현상

현존 민주주의가 제도적 피로현상에 시달리는 데는 몇 가지 이유가 있다.

첫째, 대의민주주의에서 선출된 대표가 시민들의 뜻을 제대로 반영하지 못할 때, 시민들이 이를 제대로 처벌할 방법이 없다는 점이다. 매디슨은 "대의민주주의에서 대표는 주권을 가진 유권자의 뜻을 대신하는 '대리인'이지, 주권자로부터 권력을 위탁받은 '피신탁자'가 아니다"라고 했다. '대리인'은 주인에 대해 항상 책임을 져야 하며 주인의 뜻을 위반했을 경우 즉각 해고, 소환, 처벌당해야 한다. 그것이 민주적 책임성이고 매디슨의 대의민주주의를 작동케 하는 비밀병기다.

그런데 갈수록 대표들이 유권자의 '대리인'으로 역할을하는 게 아니라 유권자가 맡긴 권력을 자기 뜻대로 휘두르는 '수탁자'처럼 행동하려는 경향은 강해지고 있다. 문제는일단 선거에서 대표로 뽑히면 임기가 고정적으로 보장되는반면, 유권자들의 입장에서는 다음 선거가 치러질 때까지유권자들의 뜻을 위반한 대표를 처벌할 수 있는 제도적 장치가 없다는 사실이다.

둘째, 주인인 시민과 대리인인 대표 간의 거리가 점차 벌어지고 있다는 점도 문제다. 대의민주주의는 정치인과 시민간의 '정치적 분업'을 전제로 하고 있다. 슘페터가 제시한 최소주의 대의민주주의에서 시민의 역할은 대표를 선출하는 데서 그치고 정책의 선택은 대표에게 맡겨진다.

그런데 이러한 정치적 분업화가 심화되면서 시민들이 점차 정치인들과 정당으로부터 멀어지고 있다. 시민들이 정치를 자신들이 참여하는 영역이 아니라 선거운동 전문가, 로비스트, 여론조사기관, 언론인들만의 영역으로 여기게 되는 것이다. 그 결과 시민들은 갈수록 정치와 정당에 대해 냉소적이 되고, 대신 정치전문가들이 대표와 정당을 차지하는 현상이 나타나고 있다.

소셜 미디어 민주주의

최근에는 현대의 민주주의가 드러내고 있는 결함을 바로잡고 고전적인 직접 민주주의의 이상을 실현하기 위한 대안으로 소셜 미디어 민주주의가 떠오르고 있다. 구텐베르크의 인쇄혁명이 대의민주주의를 가능하게 했다면, IT혁명은 소셜 미디어 민주주의를 가능케 했다. 영토 국가에서 직접 민주주의의 실현을 가로 막아온 시간적, 공간적 제약을 IT혁명이 해소해 주었기 때문이다. 이제 시민들은 전자 매체가 제공하는 사이버 공간을 통해 공적 토론에 참여할 수 있고 시민들

간, 혹은 정치인과의 직접적인 의사소통이 가능해졌다.

230여 년 전 미국 건국의 아버지들이 어떤 모습의 민주주의를 디자인할 것인가 토의할 때, 제퍼슨은 주민들이 타운십 미팅township meeting에서 스스로 정책을 결정하는 직접 민주주의를 주장했지만, 이같은 방식은 대규모의 연방에서 실현 불가능하다며 채택되지 않았다. 그런데 21세기에 들어와 IT혁명을 통해서 제퍼슨의 타운십 민주주의가 비로소 부활하고 있는 것이다.

소셜 미디어 민주주의의 소통과 공론의 광장은 트위터, 페이스북, 닝Ning, 유튜브, 위키리크스, 마이스페이스, 베보Bebo와 같은 '일렉트로닉 아고라' 또는 '일렉트로닉 아테나'로 불리는 온라인 플랫폼이다. 고대 아테네의 직접 민주주의가 인터넷과 모바일 소통 기구를 통해 소셜 미디어 민주주의에서 재현되는 셈이다.

온라인 소셜 미디어 민주주의는 위키피디아(누구나 글을 써 올릴 수 있는 온라인 백과사전)나 포크소노미('태그'를 통해 사용자들이 관심사를 공유하는 방식) 등을 통해 집단지성을 형성, 정보를 공유하고 소통하면서 정책과 담론을 만들어 나간다. 소셜 미디어 민주주의에서 시민들은 정보의 공급자인 동시에 수

요자인 프로슈머prosumer(생산자라는 뜻의 'producer'와 소비자라는 뜻의 'consumer'가 결합된 단어)가 되었다.

소셜 미디어 민주주의를 주도하는 이들은 대부분 대중이나 민중, 국민이 아니라 '다중multitude'이다. 대중과 민중은 계급, 종교, 종족, 직업으로 분류되고 조직된 동질적인 집단인 데 비해, 다중은 다양한 정체성을 가진 이질적인 집단이다. 국민, 대중, 민중은 하나의 통일체로서 대의되지만 다중은 대의될 수 없다. 다중은 지역이나 나라의 울타리 안에 묶을 수 없는 다국적 집단이다. 그들의 소통수단인 SNS도 영토의 경계를 뛰어넘어 움직이는 미디어다. 따라서 '특정한 영토 안에 거주하는 시민들을 대의한다'는 근대 민주주의의 주체로 적합하지 않다.

대중이나 군중과 달리 다중은 이미 조직되어 있는 집단이 아니라 SNS를 통해 소통하면서 새롭게, 그리고 능동적으로 스스로를 조직한다. 하지만 이렇게 구성된 다중은 소셜 미디어를 통해 비판은 하되, 집단적 의사를 이끌어 내서 정책을 결정하지는 못한다. 근대 초기 공론장인 파리의 '카페 프로코프'도 이와 같았다. 당대의 지성들이나 시민들이 여기에 모여 활발하게 정치적 토론을 벌였으나, 대개는 결론을 내지 못하고 집단행동도 이끌어내지 못한 채 헤어지곤 했다. 소셜 미디어에서 이뤄지는 소통도 끊임없이 여론을 만들어내기만 할 뿐 결론을 내리지는 못한다. 그러므로 소셜 미디어 민주주의는 대의민주주의를 '보완'할 수는 있으나 '대체'할 수 없다.

둘째, 소셜 미디어 민주주의가 대의민주주의를 대체할 수 없는 또 하나의 치명적인 이유는 '지배'라는 기능이 약하다는 사실이다. 민주주의는 국민demos이 통치cracy하는 정치 체제이지, '무정부'가 아니다. 위계적 조직을 특징으로 하는 대의민주주의는 통치의 성격이 가장 강한 체제인 반면, 자발적으로 형성된 수평적 소셜 미디어 민주주의는 통치의 성격이 가장 약하다.

그래서 아랍의 봄에 중동과 북아프리카의 다중들은 소셜 미디어로 소통하면서 난공불락의 독재를 무너뜨리기는 했지만 독재 타도 이후 민주적 질서를 세워 사회를 지배할 수는 없었고, 군부독재, 종교독재, 종족독재가 부활하는 것을 바라볼 수밖에 없었다. 중동과 북아프리카에서 일어난 '아랍의 봄'이 짧게 끝나고 '아랍의 겨울'로 돌아간 것은 소셜 미디어 민주주의의 '참여'와 대의민주주의의 '통치'가 행복하게 결합하기 어렵다는 것을 보여준다.

민주주의 4.0: 헤테라키 민주주의로의 혁신

소셜 미디어 민주주의의 반국가주의, 무정부주의, 지배성의 결여 등의 문제점을 해결해 줄 있는 새로운 형태의 민주주의가 최근 떠오르고 있다. 빅데이터에 기반한 헤테라키 민주주의가 그것이다. 빅데이터는 디지털 환경에서 생성되는 엄청난 규모의 데이터로, 사용자들의 행동 패턴이나 위치 정보는 물론 의견까지 분석할 수 있다.

헤테라키는 '서로 다르다'는 뜻의 접두어 'heter'에 '통치'라는 뜻의 'archy'를 결합한 단어로, 두 가지 이상의 이질적인 지배 형태를 혼합한 정치제제를 가리킨다. 이름에서도 알 수 있듯이 소셜 미디어를 이용하는 '다양한 대중' 즉 다중을 지배하는 데 적합한 지배 형태로, 대의민주주의와 소셜 미디어 민주주의라는 서로 성격이 판이한 체제를 결합한 민주주의다.

빅데이터에 기반한다는 것이 무슨 뜻인지 이해하려면 먼저 빅데이터의 특성부터 파악해야 한다. 빅데이터는 'V3'라 부르는 세 가지 특성을 갖고 있다. 엄청나게 크고(Volume)

다양한 정보(Variety)를 빛의 속도(Velocity)로 전달해 준다. 이 정보는 정치인이나 정당에 우선적으로 전달되는 게 아니라 시민들에게도 동시에 공급되며, 단순한 정보 전달에 그치지 않고 체계적인 분석까지 제공해 준다. 시민들은 이제 빅데이터가 공급해 준 정보와 분석을 통해 정부 정책을 꼼꼼하고 폭넓게 비판할 수 있을 뿐 아니라, 시민 스스로 정책을 직접 생산해 정부와 대표에게 전달하고 정부운영에도 참가할 수 있게 되었다.

이렇게 시민이 정부 기구와 의사결정 과정에 참여하게 됨으로써 '밖에서 감시하는' 소셜 미디어 민주주의를 넘어서서 '안에 들어가 들여다보는' 정보 민주주의를 실현하게 되었다. 그리고 소셜 미디어로 '소통만' 할 때는 불가능했던 다중의 집단행동이 가능해졌다. 빅데이터를 기반으로 하는 헤테라키 민주주의 하에서 주권자인 국민은 비로소 '프로슈머'를 넘어서 정책의 생산자이자 사용자인 '프로유저prouser'가 되어, 시민·국가·시장이 공동으로 협력 통치를 할 수 있게 되었다.

헤테라키 민주주의는 수직적 위계질서에 바탕한 대의민주주의와, 수평적인 연계를 기반으로 삼는 소셜 미디어 민주주의가 결합된 민주주의다. 책임성을 갖춘 질서있는 조직 원리에 기초하고 있다는 점에서 대의민주주의적인 특성을 갖고 있는 한편 조직이 수평적이라는 점에서는 소셜 미디어 민주주의와 가치를 공유하고 있다. 한마디로 헤테라키 민주주의는 '힘이 실린empowered 시민들이 질서 있게 통치하는' 민주주의다.

헤테라키 민주주의를 위한 제도개혁

헤테라키 민주주의를 발전시키기 위해서는 여러 제도를 도입하거나 개혁해야 한다. 정보 민주화, 추첨을 통한 선택, 개방적 참여, 시민의 권한강화empowerment, 그리고 협동적 경쟁의 제도화 등이 그것이다.

정보 민주화

헤테라키 민주주의를 실현하기 위해서는 무엇보다 빅데이터를 활용한 정보 민주화가 이루어져야 한다. 정보 민주주의는 시민들이 누구나 정보에 접속할 수 있는 권리를 보장해주고, 서로 정보를 공유할 것을 장려한다. 또한 시민이 생산한 정보의 재산권을 보호하고, 만일 재산권을 통제할 수밖에 없을 때는 적절하게 보상해주어야 한다.

정보 민주화를 위해서는 소수의 '정보 귀족'들이 자신의 '영지'에서 정보를 독점하고 통제함으로써 정보가 일반인들에게 공유되거나 확산하지 못하는 '정보 봉건제'를 타파해야 한다. 정보를 독점한 특정세력은 시민들의 성적, 종교적, 정치적 성향을 모니터링하고 이를 바탕으로 시민을 감시, 통제하는 '데이터 감시국가'를 만들 수 있기 때문이다.

질서있는 정보 유통 체계와 사이버 에티켓도 필요하다. 사이버 세계에서 정보를 무질서하게 마구 유포하는 것을 막아야 한다. 조작된 가짜 뉴스, 해킹, 익명성을 빌린 비방과 음해 등이 횡행하면 사이버 공론장은 난장판이 될 뿐 아니라 다중이 포퓰리즘에 편승해서 정치에 폭발적으로 대거 참여했을 때는 대의기구에 과부하가 걸릴 수 있다. '정보독재'도 무섭지만 '정보 포퓰리즘'의 출현도 사전에 막아야 한다.

'추첨을 통한 선출' 도입

고대 아테네 민주주의에서는 대표자 선출이나 정책 선택 과정에 추첨 방식을 이용했다. 하지만 현대 사회에서는 추첨 방식이 불가능해졌는데, 그 원인 중에는 '데이터 부족'이라는 한계가 있었다. 사회 규모가 커지고 정부가 다뤄야 할 문제가 복잡다단해지면서 단순한 추첨 방식으로는 이를 책임지고 해결할 후보자 혹은 정책을 선택하기 어렵게 된 것이다.

그런데 빅데이터의 발명으로 현대 사회에도 '추첨에 의한 선택'이 가능해졌다. 빅데이터가 방대한 정보를 자동 수집해 분석해서 가장 좋은 선택지 중 추첨을 통해 답을 고를 수 있게 해주기 때문이다. '추첨에 의한 선택'은 일반 선거의 병폐인 '돈 선거'를 방지하며, 정보가 부족하거나 정책에 대해 확신이 부족한 유권자들이 부적절하거나 변덕스러운 선택을 하지 못하게 미리 막을 수 있다는 장점이 있다.

또한 추첨 방식의 선택은 모든 시민에게 평등한 선택의 기회를 줄 뿐 아니라, '평등하게 선출될 가능성'도 높여준다. 기존의 선거 방식으로 전문성과 능력만 고려해 대표를 뽑을 경우 성별이나 인종, 종교 등의 측면에서 소수자인 후보는 공정하게 선출될 가능성이 낮은 반면 빅데이터를 기반으로 한 추첨 방식은 이들에게 보다 많은 선출 기회를 제공한다. 때문에 추첨을 통한 선택은 사회적 정의와 공정성을 실현할 수 있는 민주적 선출방식으로 떠오르고 있다.

개방적 참여 보장

헤테라키 민주주의의 기본적 원리는 '최대 다수의 최대 참여'다. 모든 시민들에게 열린 '개방적 참여'를 추구한다. 개방적 참여를 위해서는 시민들이 정책 결정 과정에 참여하는 것을 방해하는 오프라인의 역사적, 제도적, 문화적, 인종적, 종족적, 관습적 도덕률의 장벽을 걷어내야 할 뿐 아니라, 온라인 상에서도 시민들에게 참여를 개방하고 이들의 참여권을 보호해야 한다.

오프라인이나 온라인에서나 시민, 기업, 정규직 노동자, 비정규직 노동자 등은 각각 자신들의 집단적 이익을 지키기 위해 다른 집단과 경계의 벽을 두른 '단체 방'에 모여서 폐쇄적으로 소통하려는 경향이 있다. 헤테라키 민주주의의 발전을 위해서는 이런 경계를 허물고, 서로 다른 이해관계를 가진 집단들이 함께 섞여 소통하고 참여해서 의제의 범위를 보다 다양하고 폭넓게 확대해야 한다.

시민의 권한강화

헤테라키 민주주의를 실현하기 위해서는 정부와 대의기구로부터 시민에게로 권력이 옮겨져야 한다. 시민의 권한강화가 필요하다. 시민들에게 보다 많은 힘이 실려야 국가 혹은 대표와 시민이 수평적 관계를 맺을 수 있고, 시민의 적극적인 참여가 가능해지기 때문이다. 특히 문화적, 언어적, 종교적, 인종적 소수파와 그 밖의 약자에게 더욱 큰 힘이 주어져야 한다. 이들 사회적 약자가 보편적이고 평등한 시민권을 획득했을 때 비로소 기득권 세력과 언론이 만들어 놓은 불평등한 사회질서를 깨고 사회적 포용과 평등을 추구하는 진정한 민주주의를 실현할 수 있다.

협력적 경쟁 추구

헤테라키 민주주의는 위계적인 대의민주주의의 경쟁 원리와 수평적이고 연계적인 소셜 미디어 민주주의를 결합한 복합 민주주의다. 다수파와 소수파가 권력을 나누어 가짐으로써 공동체의 통일성은 유지하되 각 집단이 자신의 이익을 실현하기 위해 경쟁을 하는 타협과 합의의 민주주의다.

이같은 '협력적 경쟁'의 특성을 지닌 민주주의를 실현하기 위해서는 이를 뒷받침할 수 있는 제도적 장치가 필요하다. 비례대표제와 초다수제super majority가 그런 장치들이다. 현재 한국의 지역구 국회의원은 선거구에서 단 한 표라도 더 얻은 후보가 선출된다. 미국의 대통령 선거도 한 개 주에서 단 한 표라도 더 얻은 정당 후보가 해당 주의 모든 표를 독식하는 방식이다. 법안 결정도 일정한 다수 득표를 한 법안이 채택된다.

문제는 이같은 제도에서는 소수파의 민의가 제대로 반영되기 어렵고, 다수파가 마치 국민의 전체 의견을 대변하는 것처럼 '과잉대표'될 가능성이 있다는 것이다. 이런 현상이 심해지면 '다수의 독재'로까지 나아갈 수 있다.

비례대표제는 지역구에서 승자 한 사람만 의회에 진출하는 방식과 달리, 유권자가 지역구 후보가 아닌 비례정당후보에 던져준 전국적 표수에 따라 해당 정당의 비례대표의원이 선출되는 방식이다. 제1당과 제2당 외의 소수 정당도 의회에 진출하게 될 가능성을 높여주는 방식이며, 소수의 선택이 보다 효율적으로 반영된다. 한편 초다수제는 헌법 개정이나 대법원장과 대법관 선임 같이 중대한 문제를 결정할 때 의회에서 '초절대 다수'가 찬성해야 통과될 수 있도록 하는 제도다.

또한 인종주의, 여성혐오주의, 종족주의, 외국인 혐오주의, 종교적 근본주의와 같은 극단주의를 배격하는 입법을 통해 중도적인 통합주의자들이 다수가 되는 정치구조를 만들어야 한다. 그리고 다양한 입장을 고루 대변할 수 있도록 모든 정당들이 정책형성과 공직임명에 '공동다수'로 참가하는 협의주의consociationalism를 채택하여 정책을 함께 책임지게 하고, 정권이 교체되어도 주요 정책은 정권의 성격과 관계없이 지속될 수 있도록 보장해야 한다.

헤테라키 민주주의 사례들

현재 헤테라키 민주주의는 여러 나라에서 중앙정치와 지방정치, 혹은 중앙정부와 지방정부의 정책결정에 다양하게 실시되고 있다. 중앙정치 차원에서 헤테라키 민주주의를 실시하고 있는 나라로는 이탈리아와 영국 등이 있고, 우리나라에서도 이미 대통령 선거에 이를 시도하고 있다.

이탈리아에서는 2007년에 창당한 '오성운동Movimento 5 Stello(다섯 개의 별 운동)'이 헤테라키 정당을 실험하고 있다. 오성운동은 온라인 플랫폼을 만들어 정책토론을 하고 온라인 투표로 후보를 선정한다. 그리고 온라인과 오프라인 활동을 결합한 날인 'V-Days'를 만들어 당원들과 주민들이 법안을 발의하고 정책을 청원한다. 영국 노동당은 온라인 정책토론장인 노동당 정책포럼을 만들어 당원과 지지자들의 정책 요구를 상시적으로 수렴하고 있다.

한국에서는 2002년 대통령 선거 후보를 선출하기 위해 대규모 온-오프라인 국민경선 투표를 실시한 바 있으며, 2017년 대통령 후보선출에서도 오프라인 현장투표와 온라인, ARS 투표를 병행 실시했다.

지방정치에서 헤테라키 민주주의를 시도하고 있는 사례도 다수 있다. 스페인의 마드리드 시에서는 진보정당인 포데모스 당이 온라인에 '플라자 포데모스' 플랫폼을 만들어 당원뿐만 아니라 시민들로부터 온라인을 통해 정책제안을 받고, 'nVotes'라는 투표 플랫폼을 활용하여 2014년 총선후보를 선출했다.

독일 베를린 시의 해적당 역시 인터넷 카페, 온라인 의사결정, 온-오프라인 혼합을 통해 관계망을 형성하고 소통했다. 해적당은 2011년 베를린 지방선거에서 8.9%의 표를 얻어 15개 의석을 차지했다. 아이슬란드 해적당은 오프라인 토론모임에서 참석자들이 합의한 정책제안을 온라인에서 토론하고 온라인 투표를 통해 당 정책으로 결정하고 있다.

중앙의회에서 헤테라키 민주주의를 실현하는 나

라로는 브라질, 타이완, 프랑스 등이 있다. 브라질은 'e-Democracia'라는 온라인 정책 플랫폼을 만들어 시민들과 의원들이 해당 주제에 관해 토론하고, 시민참여형 '크라우드 소싱'을 실시하고 있다. 크라우드 소싱은 '대중crowd'이라는 단어와, 업무의 일부를 외부에 맡긴다는 의미의 '아웃소싱outsourcing'을 결합한 말로, 정부의 활동에 대중을 참여시키는 것을 의미한다. 브라질은 크라우드 소싱을 통해 온라인에서 제기된 시민의 의견을 반영, 인터넷 시민권법과 같은 법안을 작성했다.

타이완은 2016년 "모든 주요한 국가정책결정은 v-Taiwan을 통하라"는 차이잉원蔡英文 총통의 지시에 따라 온라인 가상 입법 플랫폼을 통해 법안 정보를 수집, 공유하고 있다. 또한 빅데이터를 활용해 법안과 정책을 심의하고 주요 이해 당사자들의 의견을 두루 반영하고 있다. 프랑스의 '의회와 시민Parliament et Citoyens'은 국회의원이 온라인 플랫폼에 입법정보를 올리면 30일간 시민들이 의견을 제시하고, 주요 쟁점에 대한 온라인 토론을 거쳐 이를 반영해 입법초안을 만든다.

지방정부가 헤테라키 민주주의를 실천하는 사례도 있다.

스페인의 마드리드 시는 'Decide Madrid'라는 제도를 통해 시민들이 온-오프라인으로 조례를 제안하고 정책 토론과 자문을 하며, 참여예산제를 통해 시민투표로 예산 사업을 선정하거나 배정한다. 프랑스의 파리 시도 참여예산제를 도입해, 온라인을 통해 시민들로부터 예산 제안을 받아서 온라인 투표를 거쳐 예산을 결정한다. 아이슬란드 역시 '더 좋은 레이캬비크Better Reykjavik'라는 온라인 플랫폼을 통해 참여예산제도를 시행하고 있다.

이렇듯 다양한 규모의 국가나 자치 단체에서 헤테라키 민주주의를 실현하고 있지만, 이 제도는 중간 규모의 국가에 잘 맞는 민주주의다. 거대 국가는 직접적인 참여 민주주의를 하는 데 적당하지 않고, 소규모 국가는 대의민주주의를 하기보다는 직접 민주주의를 실시하는 게 비용이 덜 든다.

한국은 거대국가도 아니고 도시국가도 아닌 중간 규모의 국가이기 때문에 헤테라키 민주주의가 적합하다. 더구나 IT 인프라나 빅데이터 기반이 세계 최고 수준으로 발달했기 때문에 빅데이터 기반 헤테라키 민주주의를 실현할 수 있는 최적의 국가다. 실제 한국에서는 대통령 선거 후보 선출 외에도 중앙정부와 지방정부차원에서 다양한 헤테라키 민주주의를 실험하고 있다. 중앙정부의 정책제안 플랫폼인 광화문 1번가, 지방정부인 서울시의 M-Voting, 국회의 온라인 시민참여 정책 플랫폼, 기획재정부의 참여예산제 등이 그것이다.

지금까지 살펴본 헤테라키 민주주의 사례를 통해, 앞으로 보다 폭넓고 근본적인 시민 참여와 정부-시민 간의 협업이 가능한 민주주의 4.0이 자리 잡을 것을 기대해 본다.

더 자유롭고 풍요로운 한국
민주주의의 미래를 위하여

앞서 살펴본 것처럼 현재 전 세계의 민주주의는 군사 쿠데타나 민간 독재자에 의해 민주주의가 전복되고 파괴됨으로써 일어나는 전통적 민주주의의 위기와 붕괴가 아니라, 투표를 통해 선출된 정부들이 민주주의를 점진적으로 퇴보시키는 위기에 처해 있다. 이전 역사에서 찾아보기 힘든, '전례가 없는' 민주주의의 위기다.

한국은 이러한 퇴행의 흐름에서 예외였다. 한국은 2016년 부패한 정권 때문에 맞은 민주주의의 위기를 극복하고 2017년 '촛불혁명'을 통해 튼튼하고 질 높은 민주주의를 회복했다. 한국에서도 선진 민주주의와 신흥 민주주의 국가가 공통적으로 겪고 있는 포퓰리즘, 전문가 관료 집단의 개혁 저지 시도, 정치의 언론화와 사법화 등으로 민주주의가 위협을 받고 있지만, 한국 민주주의가 '후퇴'하고 있다는 징후는 없다.

그럼에도 불구하고 한국 민주주의는 전례가 없는 위기를 맞을 가능성에 대비해야 한다. 선제적인 민주주의 제도 혁신과 재창조를 통해서 새로운 민주주의로 거듭나야 한다. 적절한 제도적 혁신을 제때 하지 못하면 민주주의에 대한 국민들의 불만은 실망으로 변하고, 실망이 분노로 표현되면 우리 국민들도 민주주의를 후퇴시키거나 전복시키려는 세력의 선동에 대거 동참할 수 있다. 그렇게 되면 결국 한국 민주주의도 전 세계적인 민주주의의 역류 물결에 휩쓸릴 가능성이 커질 것이다.

그러므로 선제적이고 지속적인 민주주의 제도의 혁신은 우리에게 선택이 아니라 필수이며, 헤테라키 민주주의로의 혁신이 그 핵심이 되어야 한다. 최근 2020 미국 대선에서 역사상 가장 많은 8,100만 명이 넘는 미국 유권자들이 바이든 후보에게 '종이 돌'을 던져 민족주의, 외국인 혐오주의, 반이민주의, 인종주의, 토착 종족주의를 외치는 우파 포퓰리스트 트럼프 대통령을 축출하고 미국의 민주주의를 정상화시켰다. 현재 미국 민주주의의 시간은 월트 휘트먼이 남북전쟁 당시 부상병을 치료하면서 노래했던 "달콤하면서도 슬픈sweet and sad" 시간이다(〈부상군인 간호병〉). 미국인들은 민주주의를 정상화시킨 것을 자축하는 '달콤한' 시간을 즐기면서도, 스텔스적인 민주주의의 위기를 초래한 제도적 결함을 치유해야 하는 '슬픈' 시간을 또한 보내고 있다. 세계에서 가장 오래 지속되어 왔던 미국 민주주의가 최근 보여주었던 취약성과 위기극복이 한국 민주주의가 안고 있는 문제점과 이를 해결할 개혁의 방향을 알려주는 나침판이 되어야 한다는 것을 강조하면서 민주주의호의 긴 항해를 마감한다.

네그리, 안토니오. 정남영. 박서현 역, *다중과 제국*, 갈무리, 2011.

마키아벨리, 니콜로. 신재일 역, *군주론*, 서해문집, 2005(1513).

임혁백. *비동시성의 동시성: 한국 근대정치의 다중적 시간*, 고려대출판부, 2014.

임혁백. *세계화시대의 민주주의*, 나남출판, 2000.

하버마스, 위르겐. 한승완 역. *공론장의 구조변동*, 2001(1961).

Aristoteles (trans. by Ernst Barker). *The Politics of Aristotle*, London: Oxford Uniiversity Press, 1958.

Bendix, Reinhard. *Nation-Building and Citizenship*, Berkeley: University of California Press, 1977.

Berlin, Isaiah. *Liberty* (ed. by Henry Hardy), Oxford: Oxford University Press, 2007(1958).

Bodin, Jean. *Les Six Livres de la Republque*, 1576. [보댕, 장. 임승휘 역. *국가론*, 책세상, 2005(1576).]

Churchill, Winston. *House of Commons Speech on Democracy*, November 11,

1947.

Dahl, Robert. *Democracy and Its Critics*, New Haven: Yale University Press, 1989.

Easton, David. *The Political System. An Inquiry into the State of Political Science*, New York: Knopf, 1953.

Finer, Samuel E.. *Comparative Government*, London: Allen Lane, Penguin Press, 1970.

Friedrich, Carl J. and Zbigniew K. Brzezinski. *Totalitarian Dictatorship and Autocracy*, Cambridge, MA: Harvard University Press, 1956.

Germani, Dante. *Authoritarianism, Fascism, and Natioal Populism*, New Brunswick, NJ: Transaction Books, 1978.

Ginsberg, Benjamin and Martin Shefter. *Politics by Other Means: Politicians, Prosecutors, and Press from Watergate to Whitewater*, New York: W.W. Norton, 1999.

Hamilton, Alexander, John Jay, James Madison. *The Federalist: A Commentary on the Constitution of the United States No.10.*, New York: The Modern Library, 1787.

Held, David. *Models of Democracy*, Stanford: Stanford University Press, 1987.

Hobbes, Thomas (ed. by Michael Oakeshott). *Leviathan*, London: Macmillan, 1968.

Hobson, Christopher. "Democracy: Trap, Tragedy or Crisis?" Political Studies Review, Vol. 16(1), 2018.

Huntington, Samuel P.. *The Third Wave: Democratization in the Late Twentieth Century*, Norman: University of Oklahoma Press, 1991.

Kurlantzick, Joshua. *Democracy in Retreat: The Revolt of the Middle Class and the Worldwide Decline of Representative Government*, New Haven: Yale

University Press, 2013.

Lasswell, Harold. *Politics: Who Gets What, When, How,* New York: Whittlesey House, 1936.

Lenin, V. I., *State and Revolution,* New York: International Publishers), 1971.

Linz, Juan. "Democracy: Presidential or Parliamentary, Does It Make a Difference?" Manuscript, Yale University, 1984.

Linz, Juan and Alfred Stepan. "Modern Nondemocratic Regimes," *Problems of Democratic Transition and Consolidation,* Baltimore: Johns Hopkins University Press, 1996

Luo, Zhaotin Luo and Adam Przeworski. "Democracy and Its Vulnerabilities: Dynamics of Democratic Backsliding," SSRN Paper, University of Chicago, November 24, 2019.

MacPherson, C.B., *The Life and Times of Liberal Democracy,* Oxford: Oxford University Press, 1977.

Mill, J. S., *Considerations on Representative Government,* Cambridge: Cambridge University Press, 1991(1857).

Moore, jr., Barrington. *Social Origins of Dictatorship and Democracy,* Boston: Beacon Press, 1966.

Przeworski, Adam. *Crises of Democracy,* Cambridge: Cambridge University Press, 2019.

Przeworski, Adam. *Democracy and Self-Government,* Cambridge: Cambridge University Press, 2010.

Przeworski, Adam. *Democracy and the Market,* Cambridge: Cambridge University Press, 1991.

Przeworski, Adam and John Sprague. *Paper Stones: History of Electoral Socialism,* Chicago: University of Chicago Press, 1986.

Rousseau, Jean-Jacques. *The Social Contract,* 1968(1762). [루소, 장 자크. 방

곤 역. *사회계약론*. 신원문화사, 2006.]

Rustow, Dankwart. "Transition to Democracy," *Comparative Politics*, Vol.2(3), 1970.

Sartori, Giovanni. *The Theory of Democracy Revisited*, Chatham, NJ: Chatham House, 1987.

Schmitter, Philippe C.. "'Real-Existing' Democracy and Its Discontents: Sources, Conditions, Causes, and Prospects," European University Institute, 2017.

Schmitter, Philippe C.. "Ambidextrous Democratization and Its Implications for MENA," European University Institute, 2012.

Schmitter, Philippe C.. "Democratic Theory and Neo-Corporatist Practice," *Social Research*, Vol.50(4), 1983.

Schumpeter, Joseph R.. *Capitalism, Socialism and Democracy*, New York: Harper & Row, 1942.

Trotzsky, Leon. *Stalin*, New York: Grosset and Dunlop, 1946.

Weber, Max. *Politik als Beruf*, München, 1919. [베버, 막스. 최장집 역. 소명으로서의 정치. 후마니타스, 2011.]

Weber, Max. *Economy and Society*, Vol. 1, Berkeley: University of California Press, 1978.

Whitman, Walt. *The Wound Dresser*, Createspace, 2018(1865).

《민주주의를 위한 아주 짧은 안내서》

버나드 크릭, 이혜인 옮김

영국의 원로 정치학자가 민주주의의 정의定義, 역사, 제도를 보수와 진보를 아우르는 균형적인 시각으로 간략히 설명하는 민주주의 개론서.

《민주주의의 모델들》

데이비드 헬드, 박찬표 옮김

고전적 민주주의, 공화주의, 보호 민주주의, 발전적 민주주의, 슘페터의 엘리트 민주주의, 숙의(심의) 민주주의, 세계화 시대의 민주주의 등 다양한 민주주의 모델과 개념의 역사를 고대 아테네에서 세계화 시대까지 추적해 설명하는 민주주의 교과서.

《민주주의와 그의 비판자들》

로버트 달, 조기제 옮김

2014년에 작고한 민주주의 연구의 세계적 석학인 로버트 달 교수가 이전의 저작들에서 논의한 자신의 민주주의 이론을 종합한 명저. 아테네에서 기원한 민주주의가 오늘날의 다원적 민주주의로 진화한 과정뿐만 아니라 미래의 민주주의에 관해서도 심도 있게 논의한다.

《민주주의와 시장》

아담 쉐보르스키, 임혁백, 윤성학 옮김

우리 시대의 최고 민주주의 연구 석학인 쉐보르스키 교수의 민주주의와 민주화 입문서. 초보 정치경제학 이론으로 민주주의와 제3의 민주화 물결을 분석한다. '한국

어판에 부치는 후기: 민주화 연구기, 한 개인적 후일담'에는 저자의 민주주의와 민주화 연구기가 일목요연하게 정리되어 있다.

《제3의 물결: 20세기 후반의 민주화》

새뮤얼 헌팅턴, 강문구, 이재영 옮김

민주화 연구의 세계적 권위자인 하버드대 헌팅턴 교수가 1974년부터 1991년까지 진행된 제3의 민주화 물결을 분석한 베스트셀러. 1991년에 발간되었기 때문에 동구와 러시아의 민주화, 북아프리카와 중동에서 일어난 제4의 민주화 물결은 다루지 못했다.

《민주주의 이론의 재조명 1: 현시대의 토론》, 《민주주의 이론의 재조명 2: 고전적 문제들》

조반니 사르토리, 이행 옮김

이탈리아의 정치학자 사르토리 컬럼비아대 교수가 "민주주의란 무엇인가?" "민주주의가 아닌 것은 무엇인가?"라는 근본적 질문을 던지고, 이에 답하는 방식을 통해 민주주의의 개념과 원리, 그리고 민주적 정치체제와 비민주적 정치체제들의 본질과 특성을 비교 분석한다.

《세계화시대의 민주주의》

임혁백

탈근대 세계화 시대에 출현한 대안적 민주주의들, 즉 심의(숙의) 민주주의, 전자 민주주의, 결사체 민주주의, 신뢰기반 민주주의를 설명하고, 세계화 시대에 민주주의와 시장경제가 양립하기 위한 조건을 알아본다.

《자본주의 사회주의 민주주의》

조지프 슘페터, 이종인 옮김

'이상으로서의 고전적 민주주의'가 아니라 '현존하고 있는 민주주의'를 분석하기 위해서는 슘페터의 민주주의 정의를 이해해야 한다. 이 책은 슘페터가 제1차 세계대전과 제2차 세계대전 사이의 민주주의뿐 아니라 자본주의, 사회주의까지 분석한 20세기의 명저. 민주주의를 분석하고 있는 21장, 22장, 23장을 특히 추천한다.

Hyug Baeg Im, Democratization and Democracy in South Korea, 1960−Present

(London: Palgrave Macmillan, 2020)

임혁백 교수의 40년간의 한국 민주주의와 민주화 연구를 총정리한 책. 한국에서의 권위주의의 등장과 몰락, 민주주의로의 이행과 공고화, 한국 민주주의 공고화 이후 민주주의의 질적 향상의 문제를 논의한다. 경험적 분석을 통하여 한국에서 정치적 자유뿐 아니라 경제적 실적에 있어서도 민주주의가 권위주의에 대해 정치적 자유뿐만 아니라 경제적으로도 우월한 체제임을 증명한다.